Starke und schwache Verben

Alle Formen des Verbs (Zeitwort, Tätigkeitswort) werden gebildet aus den Formen von
a) Präsens (Gegenwart)
b) Präteritum (Vergangenheit)
c) Partizip Perfekt (Mittelwort der Vergangenheit)

Diese Formen nennt man die **Stammformen**.

▶ 1. Vergleiche die Stammformen links und rechts.

schw**i**mmen	schw**a**mm	geschw**o**mmen	weinen	wein**te**	gewein**t**
geh**e**n	g**i**ng	geg**a**ngen	lachen	lach**te**	gelach**t**

Die Verben in der linken Spalte heißen **starke** Verben.

Starke Verben bilden die Stammformen durch Wechsel des Stammvokals (Stammselbstlaut).
Das Partizip Perfekt endet immer auf **- en**.

▶ 2. Schreibe die Stammformen der Verben *sehen* und *singen*.

____

____

Die Verben der rechten Spalte heißen **schwache** Verben.

Schwache Verben bilden die Stammformen mit einem **t** hinter dem Stamm.

▶ 3. Schreibe die Stammformen der Verben *lachen* und *kaufen*.

____

____

▶ 4. Starke ☒ oder schwache ☑ Verben?

sagen ☑ *liegen* ☐ klagen ☐ *essen* ☐ *machen* ☐

gehen ☐ *laufen* ☐ *fragen* ☐ *legen* ☐ *bitten* ☐

Es gibt auch Verben, bei denen beide Bildungsweisen vorkommen.
Es sind die unregelmäßigen Verben.

Bd. 127. Ursula Lassert: Grammatikübungen - 6. Schuljahr

Persen® Bergedorfer®
Best.-Nr. 2151

Es gibt Verben (Zeitwörter, Tätigkeitswörter), die verschiedene Stammformen bilden und dann eine andere Bedeutung bekommen.

▶ 1. Verbinde die zusammenpassenden Ausdrücke.

1 a) scharf machen b) hinterherziehen, über den Boden ziehen	A wiegen
2 a) veranlassen, überreden b) in Bewegung setzen	B scheren
3 a) einem Schaf die Wolle abschneiden b) sich um jemanden sorgen	C senden
4 a) ein bestimmtes Gewicht haben b) in den Schlaf schaukeln	D schleifen
5 a) verschicken b) im Radio ausstrahlen	E bewegen

▶ 2. Schreibe die verschiedenen Stammformen dieser Wörter auf.

1a) schleifen - schliff - geschliffen, b) __________

2a) __________

▶ 3. Bilde Sätze im Präteritum mit drei der genannten Wörter (A, B, C, D, E) in ihren verschiedenen Bedeutungen.

Viele Verben (Zeitwörter, Tätigkeitswörter) bestehen aus zwei Wortteilen (z.B. durchlesen, vorsagen). In einem Satz umklammern sie andere Satzglieder.

▶ 1. Unterstreiche die Verben.

Anne sagte ihre Geburtstagsfeier ab. Klaus heftete einen Zeitungsartikel an die Wand. Die Meteorologen sagten kaltes Wetter mit Schneefall voraus. Clint nahm gestern am Flug nicht teil. Der Richter sprach den Angeklagten frei. Uli las das Buch an einem Tag aus.

▶ 2. Schreibe die Verben aus Aufgabe 1 im Infinitiv (Grundform).

absagen, ...

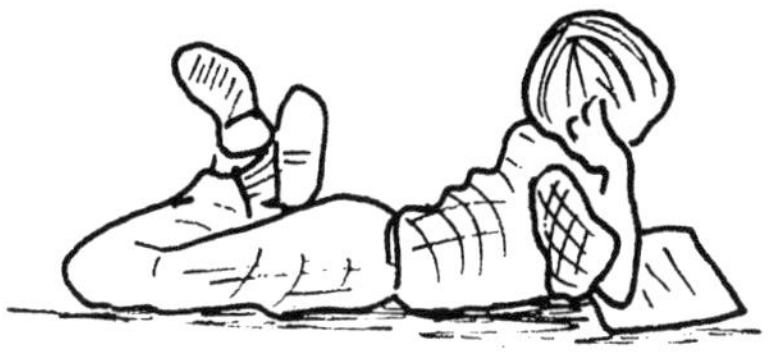

Manche Verben bestehen aus zwei Wörtern, sind also ein Wortgefüge. Diese Wortgefüge sind hier durcheinander geraten.

▶ 3. Ordne sie. Manchmal gibt es mehrere Möglichkeiten.

zugrunde fallen - instand gehen - übereinander machen , bekannt reden - durcheinander setzen - hoch treffen - bestehen achten - aufeinander bleiben

▶ 4. Bilde mit fünf dieser Wortgefüge Sätze.

Persen® Bergedorfer® Best.-Nr. 2151

Es gibt nur wenige Modalverben (*Modus* = die Art und Weise). Aber diese sind sehr wichtig. Sie sagen dir etwas über die Art und Weise, in der etwas geschieht. Sie sagen dir z.B., ob jemand etwas tun will oder nicht, ob er etwas tun kann oder nicht.

Die gebräuchlichsten Modalverben sind:
haben, sein, werden, dürfen, können, mögen, müssen, sollen, wollen, lassen, brauchen.
Sie können zum Teil auch als selbstständige Verben stehen.
(Z.B.: Ich will nicht.)

▶ 1. Erkläre den Unterschied.

Ich gehe. Ich will gehen. Ich muss gehen. Ich darf gehen. Ich kann gehen. Ich soll gehen. Ich mag gehen.

▶ 2. *Worden* oder *geworden*? Setze das richtige Wort ein.

Ina ist Lehrerin ___________ . Sie ist gestern zu spät geweckt ___________. Andrea ist fröhlicher ___________. Der Brief ist aber sehr lang ___________. Das Brot ist geschnitten ___________. Die Englischarbeit ist gut ___________. Petras Augen sind gestern untersucht ___________. Die Äste sind gestern abgesägt ___________. Jörg ist am Montag 12 Jahre alt ___________. Das Baby ist gefüttert ___________.

▶ 3. Setze die richtige Form ein.

dürfen: *Ich habe nach Italien reisen ___________. Petra hätte das nie ___________.*

wollen: *Wie gerne habe ich als Kind Klavier spielen ___________ . Das habe ich schon immer ___________.*

mögen: *Tina hat den Salat nicht essen ___________ , aber das Eis hat sie ___________.*

können: *Ich habe nicht kommen ___________. Ich habe meine Aufgaben nicht ___________.*

müssen: *Ich habe die Hausaufgaben ganz sorgfältig machen___________. Das habe ich auch ___________.*

sollen: *Du hättest besser aufpassen ___________. Das hätte ich auch ___________.*

Persen® Bergedorfer®
Best.-Nr. 2151

Sein und *haben* werden in zusammengesetzten Zeiten als Hilfsverben (Hilfszeitwörter) benutzt.

Manche Verben (Zeitwörter, Tätigkeitswörter) werden im Perfekt (vollendete Gegenwart) und Plusquamperfekt (vollendete Vergangenheit) mit **haben** gebildet, manche mit **sein**. Manche Verben wechseln mit der Bedeutung auch das Hilfsverb.

▶ 1. Die folgenden Sätze stehen im **Perfekt**. Ergänze die Präsensform (Gegenwartsform) von *sein* oder *haben.*

Die Steine sind den Berg hinuntergerollt. Er .... fleißig den Teig gerollt. Wir .... vor zwei Wochen in den Harz gezogen. Mutter .... den schweren Einkaufswagen gezogen. Lenas Vater .... den Wagen in die Garage gefahren. René .... mit seiner Mutter nach Hannover gefahren. Ich .... mich im Wald verlaufen. Die Tapete .... gerade noch für die Küche gelangt. Endlich .... auch der letzte Skifahrer ans Ziel gelangt. Jochen .... den Hund getreten. Nikolaus .... würdevoll ins Zimmer getreten.

▶ 2. Schreibe den Text im Plusquamperfekt auf.

Die Steine waren den Berg hinuntergerollt.

Sein und *haben* können auch an Stelle eines Vollverbs stehen. Dann stehen sie mit einem Nomen (Substantiv, Namenwort) oder Adjektiv (Eigenschaftswort). Z.B.: Sie ist klug. Sie ist Pilotin.

▶ 3. Ergänze die richtige Form von *sein* oder *haben.*

Klaus .... ein guter Schüler. Aber heute .... er Ärger in der Schule. Er .... wütend. Sein Matheheft .... weg. Sein bester Freund .... krank. Schade, wo er doch so eine schöne Überraschung für ihn .... Klaus .... traurig.

Bd. 127. Ursula Lassert: Grammatikübungen - 6. Schuljahr

Persen® Bergedorfer® Best.-Nr. 2151

Verben (Zeitwörter, Tätigkeitswörter), die auf etwas hinzielen, die eine Ergänzung brauchen (= transitive Verben), bilden das Perfekt (vollendete Gegenwart) und das Plusquamperfekt (vollendete Vergangenheit) mit *haben*. Z.B.: *nehmen, verlassen, holen, kennen, treffen.*

▶ 1. Bilde sinnvolle Sätze und ergänze die richtige Gegenwartsform von *haben*.

Ich		*Hilfe*	*getroffen.*
Wir		*meine Freundin*	*verlassen.*
Die Kellnerin		*das Land*	*genommen.*
Du		*kein Trinkgeld*	*geholt.*

Verben, die sich auf das Subjekt (Satzgegenstand) selbst beziehen, (man nennt das: rückbezüglich = *reflexiv*), bilden das Perfekt und Plusquamperfekt ebenfalls mit *haben*.
Z.B.: *sich schämen, sich kämmen, sich erinnern, sich ärgern, sich fürchten.*

▶ 2. Suche vier reflexive Verben und bilde Sätze im Perfekt oder Plusquamperfekt.

*Lisa hat sich sorgfältig ihre langen blonden Haare gekämmt.*____________

____

____

____

Bei einigen Verben der Bewegung können die Vollendungsformen sowohl mit *haben* als auch mit *sein* gebildet werden. *Haben* drückt mehr die **Tätigkeit**, *sein* mehr die **Veränderung** aus.
z.B. *rudern, reiten, schwanken, flattern, schaukeln.*

▶ 3. Suche drei der Wörter aus und bilde je einen Satz mit *haben* und einen mit *sein*.

Ich bin zwei Stunden lang über den See gerudert. Neulich habe ich gerudert. ________

____

____

____

Bd. 127. Ursula Lassert: Grammatikübungen - 6. Schuljahr

Persen® Bergedorfer®
Best.-Nr. 2151

Der Junge liest eine Geschichte.

——————————→

(Richtung der Handlung)

In diesem Satz geht die Richtung der Handlung von dem Jungen (dem Subjekt, dem Satzgegenstand) aus. Er tut etwas mit der Geschichte. Ist das Subjekt tätig, also aktiv, dann steht das Verb (Zeitwort, Tätigkeitswort) im **Aktiv**, in der **Tatform**.

Die Geschichte wird von dem Jungen gelesen.

←——————————

(Richtung der Handlung)

In diesem Satz ist das Subjekt (die Geschichte) nicht selbst tätig. Es geschieht etwas mit ihr. Sie muss **eine Handlung erleiden**. Deshalb steht das Verb im **Passiv** (Leideform).
Das Passiv wird mit dem Hilfsverb *werden* gebildet.

▶ 1. Gib die Handlungsrichtung durch einen Pfeil unter dem Satz an.

Petra pflückt Blumen. Ali schreibt eine Geschichte. Die Kerze wird von dem Kind angezündet. Die Kinder bauen eine Hütte. Arno ist von einem Pferd gebissen worden. Das Bild wurde von meinem Bruder gemalt. Er hat das Buch gelesen.

▶ 2. Bilde Sätze im Aktiv und im Passiv.

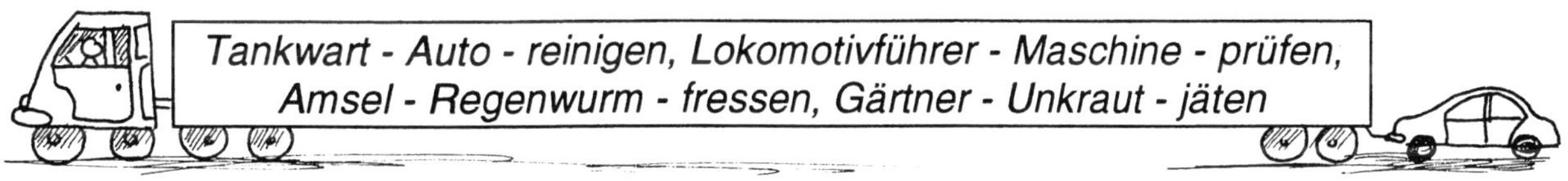

____

____

____

____

____

____

▶ 3. Welche Sätze klingen besser? Aktivsätze ☐ Passivsätze ☐

Das Aktiv ist lebendiger. Gebrauche das Passiv möglichst selten.

Persen® Bergedorfer®
Best.-Nr. 2151

Das alles wurde in diesem Jahr bei Familie Hansen im Garten gemacht. Simon hat es notiert. Aber anstatt das Präteritum (Vergangenheit) zu gebrauchen, hat er die unterschiedlichsten Zeiten gebraucht.

▶ 1. In welcher Zeit stehen die einzelnen Sätze? Gib ihnen die passende Nummer.

Präsens ①	Präteritum ②	Perfekt ③	Plusquamperfekt ④	Futur ⑤
(Gegenwart)	(Vergangenheit)	(vollendete Gegenwart)	(vollend. Vergangenheit)	(Zukunft)

Die Gartenzäune sind ausgebessert worden. ③ *Gemüse war angepflanzt worden.* ○ *Erdbeerpflänzchen werden im Frühjahr gesetzt werden.* ○ *Unkraut wurde gejätet.* ○ *Sträucher und Bäume werden beschnitten.* ○ *Wege sind angelegt worden.* ○ *Beete wurden umgegraben.* ○ *Der Zaun war gestrichen worden.* ○ *Eine Terrasse wird angelegt.* ○

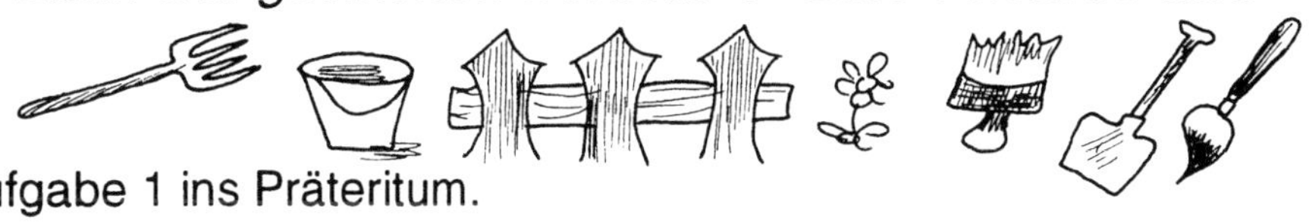

▶ 2. Setze fünf der Sätze aus Aufgabe 1 ins Präteritum.

____

____

____

____

____

▶ 3. Bilde Passivsätze in verschiedenen Zeiten.

Betten abziehen (Präsens), *Gardinen abnehmen* (Perfekt), *Teppich saugen* (Futur), *Kissen ausklopfen* (Präsens), *Wände streichen* (Plusquamperfekt), *Fußboden ausbessern* (Präsens), *Schränke aufräumen* (Perfekt), *Bücher abstauben* (Präteritum).

Die Betten werden abgezogen. ________________________

____

____

____

____

____

____

____

Persen® Bergedorfer®
Best.-Nr. 2151

Zwei verschiedene Aussageweisen des Verbs (Zeitwort, Tätigkeitswort) sind der Indikativ (Wirklichkeitsform) und der Konjunktiv (Möglichkeitsform).

Während der **Indikativ** ausdrückt, dass das Gesagte **wirklich** oder **bestimmt** ist, sagt der **Konjunktiv**, dass das Gesagte **ausgedacht** oder **möglich** ist.

▶ 1. Ergänze im Indikativ und im Konjunktiv.

schnell laufen, weit springen, hoch klettern, geschickt turnen, gut malen

Indikativ:	Konjunktiv:
Sylvia schreibt gut.	*Kerstin meint, sie schreibe gut.*

Sie ... ____________________

____

____

____

Du kannst den Konjunktiv mit *würde* umschreiben, wenn die Konjunktivform und die Indikativform nicht voneinander zu unterscheiden sind oder die Konjunktivform veraltet ist.

Z.B.: *Er sagt, sie lernte.* Besser: *Er sagt, sie würde lernen.*
Sie sagt, sie läse. Veraltet, üblicher: *Sie sagt, sie würde lesen.*

Florian ist krank. Er liegt im Bett und denkt darüber nach, was er alles tun könnte, wenn er gesund wäre.

▶ 2. Schreibe auf, was Florian täte.

Fahrrad fahren, in der Sonne liegen, ins Schwimmbad gehen, auf Bäume klettern, ein Eis kaufen, zur Schule gehen, seine Oma besuchen, Äpfel pflücken, Kuchen backen...

Wenn er gesund wäre, ____________________

____

____

____

____

Persen® Bergedorfer® Best.-Nr. 2151

In der indirekten Rede stehen die Verben (Zeitwörter, Tätigkeitswörter) im Konjunktiv (Möglichkeitsform). Personen- und Ortsangaben ändern sich hierbei. (Z.B.: Tim sagt: „Ich bleibe hier." - Tim sagt, er bleibe dort.)

Tim sagt:

Tim sagt, er könne nicht kommen.

Was Tim direkt zu Barbara sagt, sagt Barbara indirekt an Frank weiter.

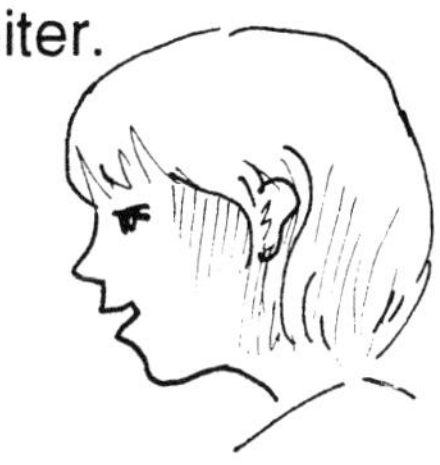

▶ 1. Ergänze die fehlenden Sätze im Konjunktiv.

Tim sagt zu Barbara:	Barbara sagt zu Frank:
„Ich muss meine Hausaufgaben machen."	*„Tim sagt, er müsse seine ...*
„Ich soll hier helfen."	*er solle ...* ________
„Ich komme vielleicht später."	________
„Ich rufe euch vorher an."	________
„Ich bringe dann meinen Hund mit."	________

▶ 2. Forme um.

„Ich singe gerne."	*Ulla meint,* ________
„Ich schwimme sehr schnell."	*Ulf denkt,* ________
________	Katrin behauptet, sie mache nie Fehler.
________	Gert sagt, er sei der Beste .

▶ 3. Mutter erzählt, was der Lehrer über Stephan gesagt hat.

Der Lehrer sagte: „Stephan schreibt schlecht, er lernt nicht genug, er sagt nichts, er macht viele Fehler, er ist faul, er wird wahrscheinlich sitzen bleiben."

Mutter erzählt: „Der Lehrer hat gesagt, dass Stephan schlecht schreibe, dass ... ________

____

____

Persen® Bergedorfer® Best.-Nr. 2151

Partizipien (Mittelwörter) sind Formen des Verbs (Zeitwort, Tätigkeitswort), die eine Eigenschaft bezeichnen und daher wie Adjektive (Eigenschaftswörter) behandelt werden.
Z.B.: *Bei **strahlendem** Sonnenschein gingen wir nach Hause.*
Sie sind halb Verb und halb Adjektiv. Deshalb heißen sie **Mittelwörter**.

Das Partizip Präsens (Mittelwort der Gegenwart) hat immer die Endung *-end* (*laufend, lachend*).
Das Partizip Perfekt (Mittelwort der Vergangenheit) hat entweder die Endung *-en* bei starken Verben oder die Endung *-t* bei schwachen Verben (gelaufen, gelacht).

▶ 1. Ergänze das Partizip Präsens von *niederprasseln, fliegen, strahlen, lachen, heranziehen, spielen.*

Am Strand

Die Feriengäste genießen den .... Sonnenschein. Überall sieht man .... Kinder, ... Gesichter. Einige Spaziergänger werfen den tief .... Möwen Brotkrumen zu. Es herrscht ein reges Leben und Treiben. Niemand bemerkt die .... schwarzen Wolken. Erst der plötzlich .... Regen schreckt alle Badegäste auf.

▶ 2. Ergänze das Partizip Perfekt von *zerstören, durchnässen, umstürzen, davonwehen, umfallen, vergessen.*

Als das Unwetter vorbeigezogen ist, sieht der Strandwärter überall .... Liegestühle, ... Wasserbälle, ... Schaufeln, ... Badetücher, ... Burgen, ... Abfallkörbe.

▶ 3. Ergänze das passende Partizip der Verben *glühen, drücken, abschneiden, leuchten, abbrechen, stechen.*

Eine Wanderung

Die .... Hitze machte uns ganz müde. Viele .... Zweige lagen auf dem Boden. Rechts und links schmückten .... Blüten den Weg. Das .... Gras duftete. Die .... Sonne und die .... Mücken machten uns den Rückweg schwer.

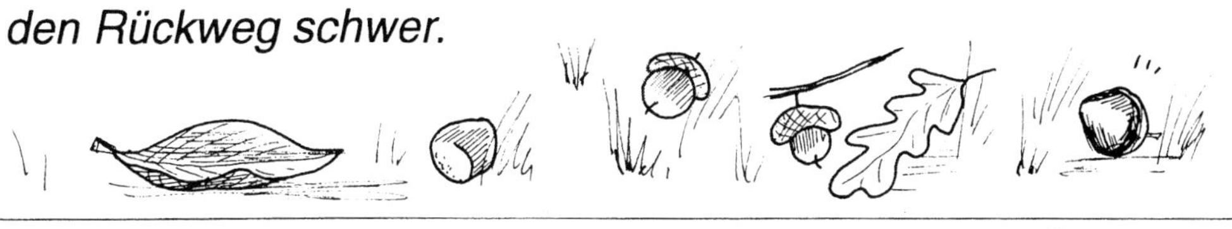

Das sehen Marcel und Nicole auf ihrem Sonntagsausflug:

Pferde (weiden), Bäche (austrocknen), Rehe (grasen), Vögel (singen), Blumen (verwelken), Raben (krächzen), Gras (abschneiden), Vögel (zwitschern), Bäume (fällen), Mücken (tanzen), Bänke (frisch streichen).

▶ 1. Schreibe die Verben als Partizipien.

Sie sehen weidende Pferde, ausgetrocknete Bäche, ______

______

______

______

______

______

______

▶ 2. Ergänze die fehlenden Formen.

Infinitiv	Präsens (3. Pers. Sg.)	Partizip Präsens	Partizip Perfekt
schwimmen			
	singt		
			gelacht
		tanzend	
	schreibt		
halten			
			gelesen
		hustend	
	niest		
			gestreichelt
wandern			
		denkend	

Bergedorfer®
Best.-Nr. 2151

Das Adverb (Umstandswort)

Das **Adverb** beschreibt die näheren Umstände. Es beschreibt, wo oder wann etwas stattfindet oder auch wie und wann.
So unterscheidet man Umstandswörter

des Ortes:	Wo geschieht etwas?
der Zeit:	Wann geschieht etwas?
der Art und Weise:	Wie geschieht etwas?
des Grundes:	Warum geschieht etwas?

▶ 1. Erfrage und unterstreiche die Adverbien des Ortes und der Zeit.

Familie Schmitz wohnt oben im Haus, mein Freund Gregor wohnt unten. Gestern Nachmittag hatte ich Geigenunterricht. Ich kann morgen nicht zum Schwimmen kommen. Im Gebirge fühlt sie sich besonders wohl. Heute gehe ich in den Zoo. Damals lebte ich noch gar nicht. Ich spiele hier nicht gern. Klaus lügt immer. Ich möchte sofort mit euch fahren.

▶ 2. Unterscheide das Adjektiv (Eigenschaftswort) vom gleich lautenden Adverb (Umstandswort) der Art und Weise.

Die ***fleißige*** *Lisa arbeitet den ganzen Tag. Lisa arbeitet* ***fleißig.***
Der ***müde*** *Kai schleicht durchs Zimmer. Kai schleicht* ***müde*** *durchs Zimmer.*

Das **Adjektiv** gehört zum **Nomen** (Substantiv, Namenwort), das **Adverb** gehört zum **Verb** (Zeitwort,Tätigkeitswort).

▶ 3. Bilde Sätze, in denen *bitter, geduldig, schnell* und *laut* als Adjektiv, dann als Adverb gebraucht werden.

Bd. 127. Ursula Lassert: Grammatikübungen - 6. Schuljahr

Persen® Bergedorfer®
Best.-Nr. 2151

Her oder ***hin*** ?

woher - wohin, hinaus - heraus, hinab - herab, hinauf - herauf, hinüber - herüber

Her bezeichnet immer die Richtung **zum** Sprechenden.
Hin bezeichnet immer die Richtung **vom** Sprechenden **weg**.

▶ 1. Ergänze.

Wo..... kommst du? Wo..... gehst du? Struppi, komm ..... zu mir. Peter, kommst du zum Spielen .....unter? Das Schiff fährt zum anderen Ufer .....über. Katrin, geh .....aus in den Garten und pflücke ein paar Blumen. Tina, komm ......aus aus deinem Versteck. Bring den Ball .....über, dann spielen wir hier.

Auf oder ***offen***?

Auf bezeichnet einen **Vorgang**, *offen* beschreibt einen **Zustand**.

▶ 2. Ergänze.

Mach die Tür ..... ! Die Tür steht schon seit Stunden ..... . Der Einbrecher bricht den Safe .... Die Atlanten liegen ...... vor den Schülern. Der Brief ist ..... . Schlage das Buch ..... ! Knöpfe den Mantel ..... !

Umher oder ***herum*** ?

Umher bedeutet **hin und her** in alle Richtungen,
herum bedeutet **im Kreis herum.**

▶ 3. Ergänze.

Die Jungen springen um den Baum .... Der Tourist fährt in der Stadt .... Die neue Autostraße führt um den Berg .... Der Feriengast ging zunächst um die kleine Stadt .... Der Wanderer irrte im Wald ....

Demonstrativpronomen (hinweisende Fürwörter) weisen besonders auf bestimmte Personen oder Gegenstände hin. Z.B.: ***Diese*** *Äpfel sind eigene Ernte,* ***jene*** *sind nicht von uns.* ***Diese*** *Birnen sind hart,* ***jene*** *dort weich.* ***Solche*** *Stifte gefallen mir nicht.*

▶ 1. Setze *dieser, diese, solche, jener, jene, jenes* ein.

.... Pulli hier gefällt mir gut, aber .... dort drüben überhaupt nicht.

.... Straße führt zum Bahnhof, ... dort hinten rechts zum Theater.

.... Schuhe mag ich nicht, ich will Schuhe mit hohen Absätzen.

Ich könnte dieses Spiel 100-mal spielen, aber .... finde ich langweilig.

Ich will .... Blusen, nicht .... hier.

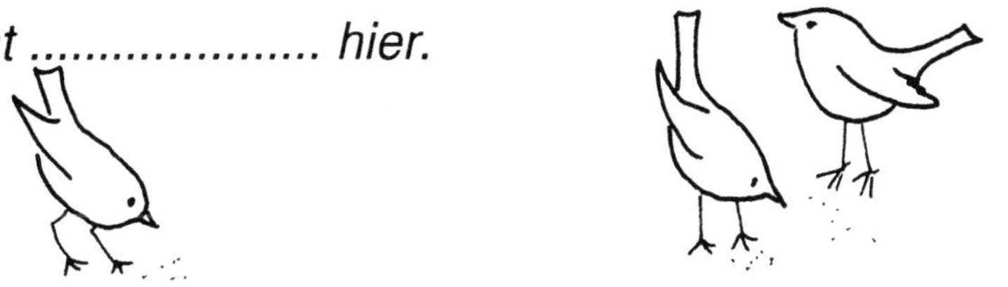

Demonstrativpronomen sind **dieser**, **diese**, **dieses**, **solcher**, **solche**, **solches**, **der**, **die**, **das**, **jener**, **jene**, **jenes**. Sie werden meistens betont.

Auch die Wörter *derselbe, dieselbe, dasselbe* gehören in diese Wortgruppe, z.B. *Tina und Ralf wohnen in* ***demselben*** *Haus.*

Wenn man sagt: *„Ralf wohnt in dem gleichen Haus wie Tina,"* dann wohnt Ralf in einem Haus, das genauso gebaut ist und genauso aussieht wie Tinas, aber es ist nicht dasselbe.

▶ 2. Ergänze *derselbe, dieselbe, dasselbe, denselben, demselben, dieselben.*

Tina und Ralf besuchen .... Schule. Sie gehen aber nicht in .... Klasse. Im Sportunterricht haben beide .... Lehrer. Auch sind sie beide in .... Ruderverein. Beide haben die .... Freunde und .... Hobby.

▶ 3. Finde selbst zwei oder drei Beispiele.

Bd. 127. Ursula Lassert: Grammatikübungen - 6. Schuljahr

Persen® Bergedorfer® Best.-Nr. 2151

Der, die, das, welcher, welche, welches, wer, was sind **Relativpronomen** (bezügliche Fürwörter). Sie beziehen sich auf ein vorhergehendes Nomen (Substantiv, Namenwort). Vor Relativpronomen steht immer ein **Komma**.

▶ 1. Setze die Kommas und unterstreiche die Relativpronomen.

Ich habe den Film gesehen den sie mir empfohlen hatten.
Georg der eine Eins geschrieben hat, freut sich.
Siehst du den Jungen der den 1. Preis gewonnen hat?
Er zeigte mir das Geschenk das ihm eine Tante geschenkt hatte.
Das Pferd das dort drüben weidet, gehört mir.
Ich lese gerne Bücher die spannend sind.
Klaus dessen Jacke verschwunden ist, ist sehr traurig.

Während sich das Relativpronomen *das* auf ein Nomen oder ein Personalpronomen bezieht, bezieht sich *was* auf den ganzen Satz oder auf die unbestimmten Fürwörter wie *vieles, manches, nichts, etwas, alles.*

▶ 2. Ergänze *das* oder *was.*

Sag mir alles, ... du weißt. Er zeigt nichts von dem, ... er gemalt hatte. Hast du das Buch noch, ... ich dir gegeben habe? Vieles, ... er sagt, ist gelogen. Das Mädchen, ... ich besuchte, ist ihre Schwester. Sie hat etwas an sich, ... mich beeindruckt. Es ist nicht alles Gold, ... glänzt.

▶ 3. Ergänze Kommas und Relativpronomen.

Der Mann .... an der Ecke steht, ist mein Vater. Ich mag das Buch .... du mir geliehen hast. Ich habe mir alles gemerkt .... du mir gesagt hast.
Sie mag Menschen .... fröhlich sind. Er liebt Autos .... elegant aussehen.
Filme .... spannend sind, sehe ich besonders gern.

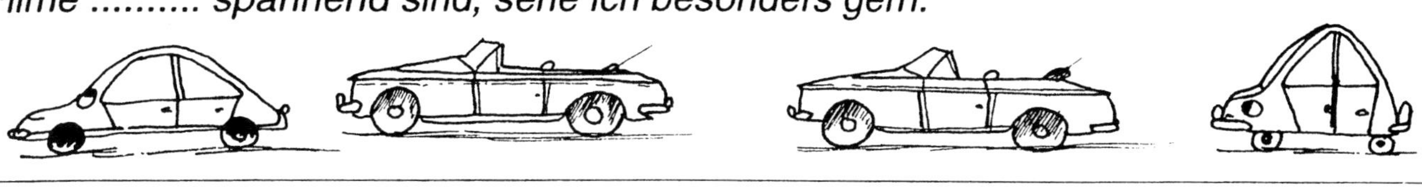

▶ 1. Wie heißt das lateinische Wort für fragen? ____________________ .
Löse das Bilderrätsel oder schlage in einem Wörterbuch nach.

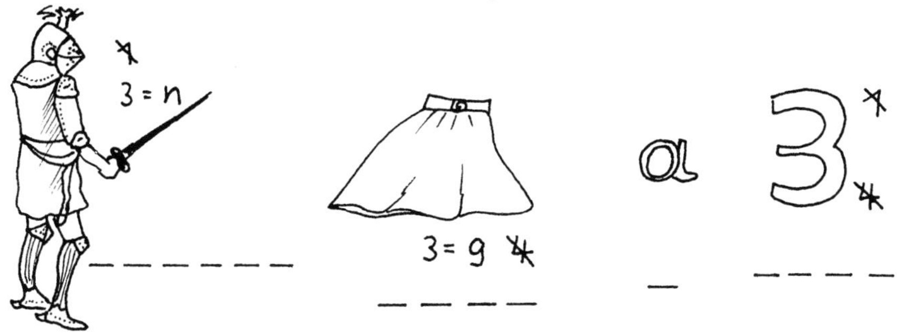

= _ _ _ _ _ _ _ _ _ _ _ _

Interrogativpronomen (**Fragefürwörter**) sind:
wer?, was?, welcher?, welche?, welches?, was für ein/eine/eins?, wessen?, wem?, wen?

wer? fragt nach Personen, *was*? nach Sachen, *welcher?, welche?, welches*? nach einer Person oder Sache unter mehreren.
was für ein/eine/eins? fragt nach der Beschaffenheit.

▶ 2. Ergänze die Fragefürwörter. Formuliere vollständige Antwortsätze.

a) .... *geht fröhlich nach Hause?* — *Anne.*

b) .... *Katze ist das?* — *Meine.*

c) .... *Geschenk ist von Eva?* — *Das Geschenk mit dem bunten Papier.*

d) .... *willst du hier treffen?* — *Meine Freundin Rita.*

e) .... *kleine Junge ist ihr Bruder?* — *Der mit der roten Mütze.*

f) .... *dauerte sehr lange?* — *Die Arbeit.*

g) .... *Hund wünscht sich Rico?* — *Einen Hund mit langen Haaren.*

h) .... *Frau ist Ulfs Lehrerin?* — *Die blonde Frau.*

i) .... *hast du das Geld gegeben?* — *Dem Lehrer.*

Auch indirekte Fragen beginnen mit einem Interrogativpronomen.
Z.B.: Ich möchte wissen, wer da ist.

▶ 3. Ergänze die Interrogativpronomen.

Ich wüsste gerne, ... du da machst. Wenn ich nur wüsste, ... er dort trifft. Ich ahne, ... du dir wünschst. Du möchtest von mir hören,.............. ich gesehen habe. Ich kann mir denken, ... Tasche das ist. Ich weiß gar nicht, ... Frau du meinst.

Die Interjektion (Ausrufewort)

Der lateinische Name für das Ausrufewort scheint sehr schwierig zu sein, aber er ist es eigentlich nicht. Der erste Teil des Wortes *inter* heißt *zwischen*, der zweite Teil kommt von dem Verb (Zeitwort, Tätigkeitswort) *iacere = werfen*. Das Ausrufewort ist ein Wort, das meistens dazwischen gerufen wird. Es ist ein Zwischenwort, eine Interjektion.

▶ 1. Setze ein *pst, haha, fort, o weh, halt, hurra, ticktack.*

▶ 2. Teile ein nach Ausrufen, die befehlen, die Empfindungen widerspiegeln, die Geräusche beschreiben. Nicht alle Ausrufewörter sind eindeutig.

Oh! Haha! Fort! Klipp, klapp! Ah! Weg! Au! O weh! Ticktack! Pst! Hurra! Plumps! Juchhe! Platz! Knacks! Klaps! Brr! Trara! Hm! Bimbam! Krach! Quietsch! Hui! Klingklang! Pfui! Topp! Hei! Hu! Na, na! Ritsch, ratsch! O nein! O jemine!

befehlende Ausrufe	Empfindungsausrufe	Geräuschbeschreibung
Fort, ...		

Die **Interjektion** (Ausrufewort) ist eigentlich ein eingliedriger Satz, ein Einwortsatz. Liegt auf dem Ausrufewort ein besonderer Nachdruck, setzt man danach ein Ausrufezeichen. Wenn es mit dem nachfolgenden Satz eng verknüpft ist, kann auch ein Komma stehen. Zum Beispiel: *Pst, seid ganz leise!*

Wenn du eine Comicgeschichte liest, findest du viele dieser kleinen Wörter wie *knarr, kracks* oder *rums*. Sie ahmen Laute und Geräusche nach, die von Menschen, Tieren oder Gegenständen erzeugt werden. Es sind **lautmalende** Wörter.

▶ 1. Suche acht solcher lautmalenden Wörter in Comicgeschichten und erkläre ihre Bedeutung.

Geräuschwörter	Erklärung
knarr	*Eine Tür oder ein Tor öffnet sich knarrend.*

In Comics ist unsere Sprache auf Wortfetzen und kleine einfache Sätze beschränkt. Die Ausrufe- und Geräuschwörter ersetzen ganze Sätze.

▶ 2. Erfinde eine kurze Geschichte, die du einmal als Comic mit Geräuschwörtern darstellst, einmal als gut formulierte Geschichte aufschreibst. Schreibe sie auf die Rückseite oder in dein Heft.

▶ 3. Überlege mit deinen Freunden die Vor- und Nachteile von Comics. Schreibe zwei Vor- und zwei Nachteile auf.

▶ 4. Was gefällt dir besser, eine Comicgeschichte oder eine spannend erzählte Geschichte, zu der du deine eigenen Gedanken und Vorstellungen entwickeln kannst?

Persen® Bergedorfer® Best.-Nr. 2151

Nicht nur in Comics findet man Zeichen, die an Stelle von langen Sätzen dem Betrachter schnell eine wichtige Mitteilung vermitteln sollen. Manche Zeichen sind auf der ganzen Welt bekannt, manche nur in einigen Gegenden.

▶ 1. Verbinde die Zeichen mit der dazugehörenden sprachlichen Beschreibung und Bedeutung.

Zeichen	sprachliche Beschreibung	Erklärung
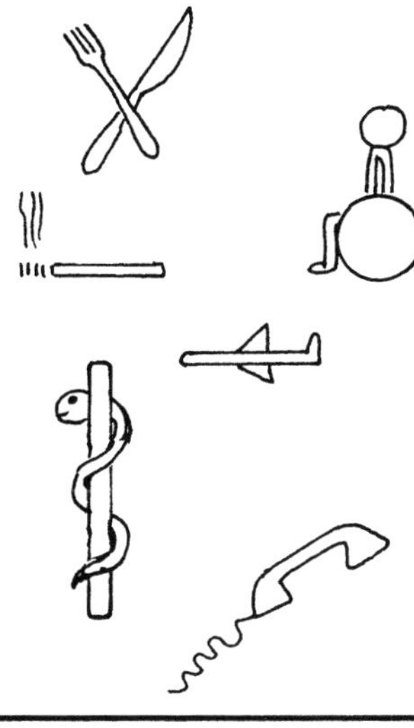	a) Rad und sitzender Mensch	A) Telefonapparat
	b) Messer und Gabel	B) für Rollstuhlfahrer
	c) brennende Zigarette	C) Restaurant
	d) Flugzeug	D) Arzt
	e) Schlange, um einen Stab gewunden	E) Flughafen
	f) Telefonhörer	F) Raucherabteil

▶ 2. Suche selbst Zeichen, beschreibe sie und erkläre sie.

Zeichen	sprachliche Beschreibung	Erklärung

▶ 1. Viele Wörter können verändert werden. Ergänze *Verben (Zeitwörter, Tätigkeitswörter), Artikel (Geschlechtswörter), Pronomen (Fürwörter), Adjektive (Eigenschaftswörter).*

Nomen______ werden verändert durch *Deklination (Beugung).*

____________ werden verändert durch *Deklination.*

____________ werden verändert durch *Deklination.*

____________ werden verändert durch *Deklination* und *Steigerung.*

____________ werden verändert durch *Konjugation (Beugung des Verbs).*

Aber es gibt auch Wörter, die **nicht** verändert werden.

Konjunktionen (Bindewörter)
Präpositionen (Verhältniswörter)
Interjektionen (Ausrufewörter)
} werden **nicht** verändert. Sie sind unbeugbar.

▶ 2. Suche aus dem folgenden Text die Konjunktionen, Präpositionen und Interjektionen heraus.

Es ist drei Uhr morgens. Während die ganze Stadt noch schläft, herrscht auf dem Großmarkt Hochbetrieb. Oh, ist das ein Lärm! Eifrige Händler preisen lautstark ihre Waren an. Quietschende Karren und voll beladene Gabelstapler suchen sich mühsam ihren Weg. Menschen schreien und lachen, sie erzählen Witze und berichten sich die letzten Neuigkeiten. Waren und Preise werden verglichen, Autos beladen, Wagentüren knallen. Es ist laut und hektisch.
Erst gegen 6 Uhr wird es stiller. Die Einkäufer verschwinden mit ihren gekauften Waren, um sie in ihren Geschäften bereitzulegen. Die Großhändler packen die übrig gebliebenen Sachen ein. Müde fegen sie ihre Stände sauber. Stille zieht ein - bis zur nächsten Nacht.

Konjunktionen	Präpositionen	Interjektionen

Bergedorfer® Best.-Nr. 2151

Viele Wörter werden durch Zusammensetzung mit Vorsilben gebildet.
Sie ergeben dann einen neuen Sinn, z.B. *Satz* - ***Vor**satz.*

▶ 1. Mit der Vorsilbe *vor* kannst du besonders viele Wörter bilden.

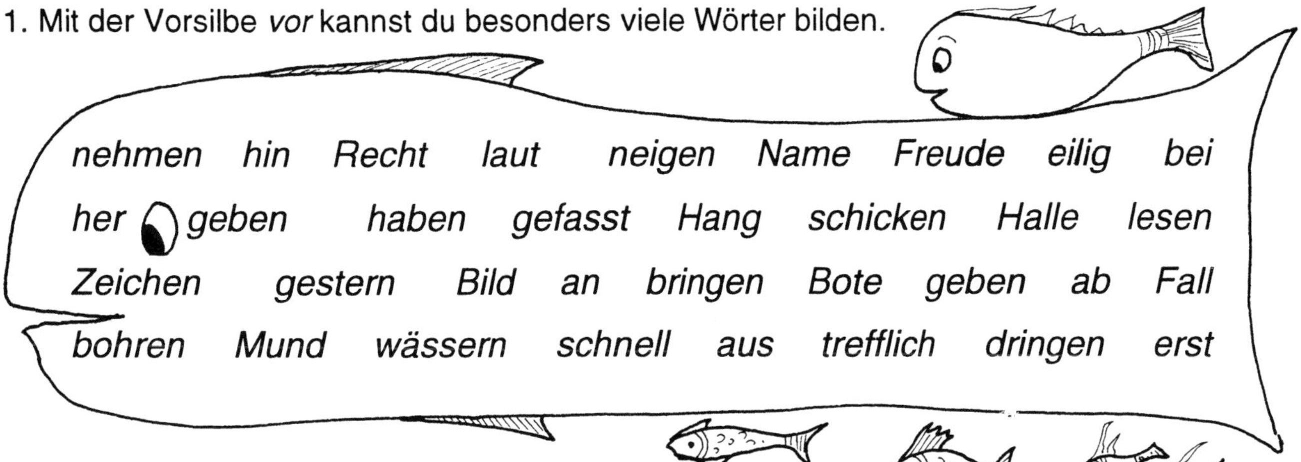

▶ 2. Schreibe die neuen Wörter in die richtige Spalte.

Nomen (10)	Verben (11)	Adjektive (5)	Adverbien (8)
Vorrecht	*vornehmen*		

Die meisten Adjektive können auch als Adverbien benutzt werden.

▶ 3. Suche Wörter mit der Vorsilbe *ver-/ Ver-*. Nimm ein Wörterbuch oder Lesetexte zu Hilfe.

Persen® Bergedorfer® Best.-Nr. 2151

Hin und wieder gebraucht man Verstärkungen, um etwas ganz deutlich zu machen. Dazu setzt man das Adjektiv (Eigenschaftswort) mit einem anderen Wort zusammen, das die Aussage des Adjektivs unterstreicht.

▶ 1. Bilde neue Adjektive. Jeweils ein Nomen und ein Adjektiv gehören zusammen.

~~Stein~~	*gesund*	*Spott*	*Blitz*	*Kern*	*billig*	*Tod*
dünn	*Watte*	*unglücklich*		*Stock*		*finster*
weich	*Kreide*	*Splitter*		*bleich*		*dürr*
Spindel	*~~hart~~*	*nackt*		*schnell*		*Hauch*

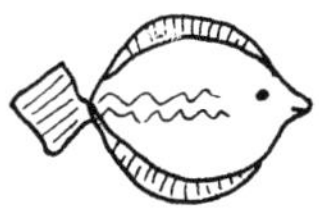

steinhart, ____________________

____

____

▶ 2. Suche sechs Adjektive heraus und bilde damit Sätze.

____

____

____

____

____

____

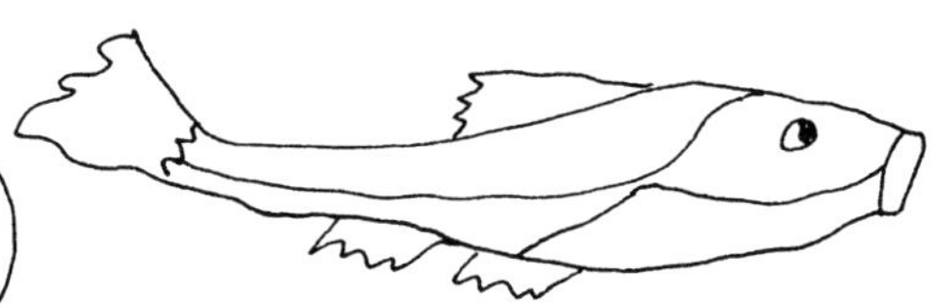
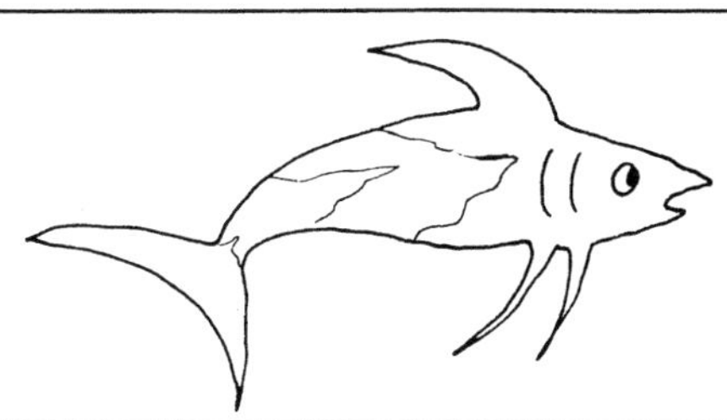

Bergedorfer® Best.-Nr. 2151

Sicher möchtest du eine Erzählung interessant und lebendig gestalten. Dann ist es wichtig, dass du treffende Verben findest. Es wäre langweilig, würdest du z.B. immer nur *sagen* gebrauchen an Stelle von *flüstern, keifen, schreien...*
Du könntest dir ein Heft anlegen und viele verschiedene Verben sammeln und dort eintragen.

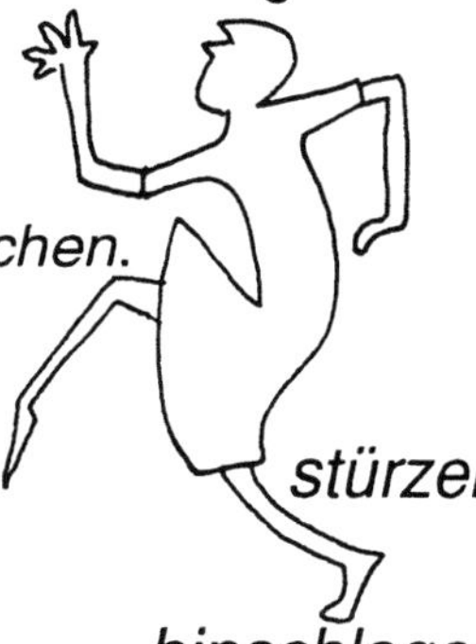

▶ 1. Hier findest du einige Verben zu den Wortfeldern *fallen, laufen* und *sprechen*. Ordne sie in einer Tabelle. Vielleicht findest du noch mehr.

stolpern *ausreißen* *straucheln* *schimpfen* *stürzen*

flüchten *purzeln* *rennen* *ausrutschen* *hinschlagen*

versprechen *fliehen* *jammern* *türmen* *erklären*

weglaufen *hasten* *flüstern* *antworten*

fallen (6)	laufen (7)	sprechen (6)
stolpern, ...		

▶ 2. Wähle aus dem Wortfeld *reinigen* die passenden Ausdrücke für diesen Text.
(fegen, polieren, waschen, scheuern, abwaschen, putzen, auswischen, saugen)

Familie Werter macht großen Frühjahrshausputz. Vater liegt in der Küche auf den Knien und .... die Fliesen, während Klaus die Terrasse mit einem Besen .... Seine Schwester Nicole .... die Fenster, und Mutter .... die Teppiche. Anschließend .... sie beide die Küchenschränke ...., während Vater und Klaus die Kachelwände der Badezimmer .... Jetzt müssen sie nur noch die Gardinen .... und die Holzmöbel ....

Bergedorfer® Best.-Nr. 2151

Wortschatzerweiterung - die Wortfamilie

Eine andere Möglichkeit, seinen Wortschatz zu erweitern, ist das Sammeln von Wörtern, die zu einer Wortfamilie gehören. Du erinnerst dich sicher daran, dass Wörter, die aus demselben Stamm gebildet werden, zu einer Wortfamilie gehören (*Fahrrad, Gefahr, verfahren*).
Neue Wörter bildet man durch Zusammensetzen oder durch Anhängen von Vor- oder Nachsilben.

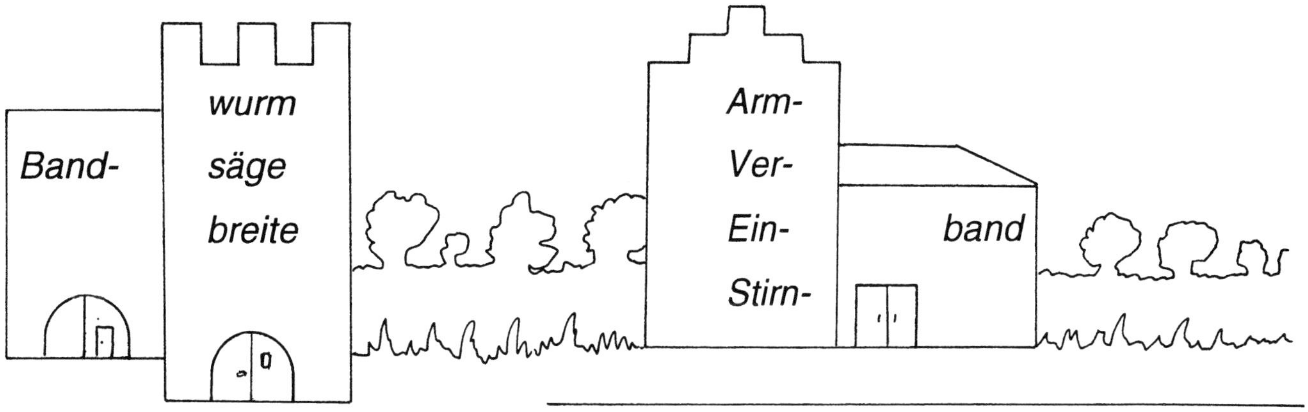

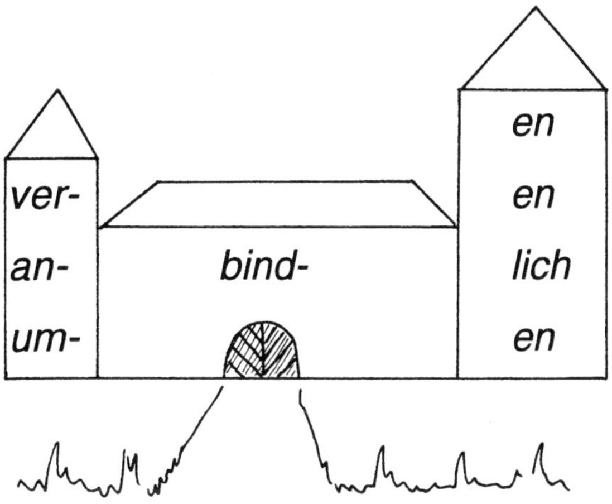

▶ 1. Schreibe die gefundenen Wörter in die richtige Spalte. (Nomen = Substantiv, Namenwort; Verb = Zeitwort, Tätigkeitswort; Adjektiv = Eigenschaftswort)

Nomen	Verben	Adjektive

▶ 2. Findest du noch mehr Wörter, die zu der Familie *Band/binden* gehören?

Bd. 127. Ursula Lassert: Grammatikübungen - 6. Schuljahr

Bergedorfer®
Best.-Nr. 2151

▶ 1. Schreibe die Gegensätze paarweise auf.

gewinnen	*rund*	*Reichtum*
geben	*sauber*	*Verlust*
verbieten	*hart* *eckig*	*Feigheit*
sich nähern	*kalt*	*Stärke*
erlauben	*gütig*	*Freude* *Armut*
sich entfernen	*warm*	*Mut*
nehmen	*schmutzig*	*Trauer*
verlieren	*lieblos* *weich*	*Schwäche* *Gewinn*

gewinnen - verlieren, geben - ... ______________________

____

____

____

____

Oft wird das Gegenteil durch die Vorsilben *un-/Un-* oder *miss-/Miss-* gebildet. Diese Gegenteile drücken immer etwas Negatives aus.

▶ 2. Suche die Gegenteile und schreibe sie in die richtige Spalte.

genau *Vergnügen* *interessant* *billigen*
Ruhe *nötig* *Klang* *Kosten* *achten*
modern *Friede* *geduldig* *Schärfe* *Recht*
Stimmung *trauen* *Brauch* *handeln* *Verhältnis*

Nomen	Verben	Adjektive
Unruhe, ...		

▶ 1. Ergänze folgende Gegensatzpaare.

über Berg und ______, bei Tag und ______, von nah und ______,

durch dick und ______, von früh bis ______, Sommer und ______

▶ 2. Bilde Sätze mit den oben genannten Gegensatzpaaren.

______

______

______

______

______

______

▶ 3. Wie heißt der Gegensatz?

schmutzige Hände ______

schmutzige Farben ______

schmutziges Wasser ______

helle Stimme ______

helle Haare ______

freie Stelle ______

freier Mensch ______

strenger Winter ______

strenges Gesicht ______

frischer Wind ______

kurzes Gedächtnis ______

kurzer Faden ______

fauler Mensch ______

faules Obst ______

alte Frau ______

altes Gemüse ______

Persen® Bergedorfer® Best.-Nr. 2151

Hier findest du eine Menge verschiedener Behälter.

Becher, Beutel, Dose, Eimer, Etui, Fass, Flasche, Glas, Kanne, Karaffe, Karton, Kasten, Kessel, Kiste, Köcher, Koffer, Korb, Krug, Lade, Mappe, Napf, Netz, Pfanne, Pokal, Rucksack, Sack, Schale, Schüssel, Tasche, Tasse, Teller, Terrine, Tonne, Topf, Truhe, Tube, Tüte

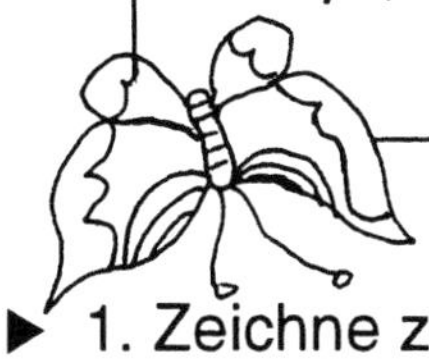

▶ 1. Zeichne zehn von ihnen auf die Rückseite des Blattes.

▶ 2. Suche drei aus, die du in ein bis zwei Sätzen beschreibst.

▶ 3. Ordne die Begriffe. Wenn du noch mehr findest, schreibe sie dazu.

Behälter für Festes	Behälter für Flüssiges
Beutel, ...	*Becher, ...*

▶ 1. Verbinde die Redensart mit dem dazugehörenden Bild.

1. *Mit der Tür ins Haus fallen.*

2. *Da ist der Wurm drin.*

3. *Im Bilde sein.*

4. *Dastehen wie ein begossener Pudel.*

5. *Den Ast absägen, auf dem man sitzt.*

6. *Etwas an die große Glocke hängen.*

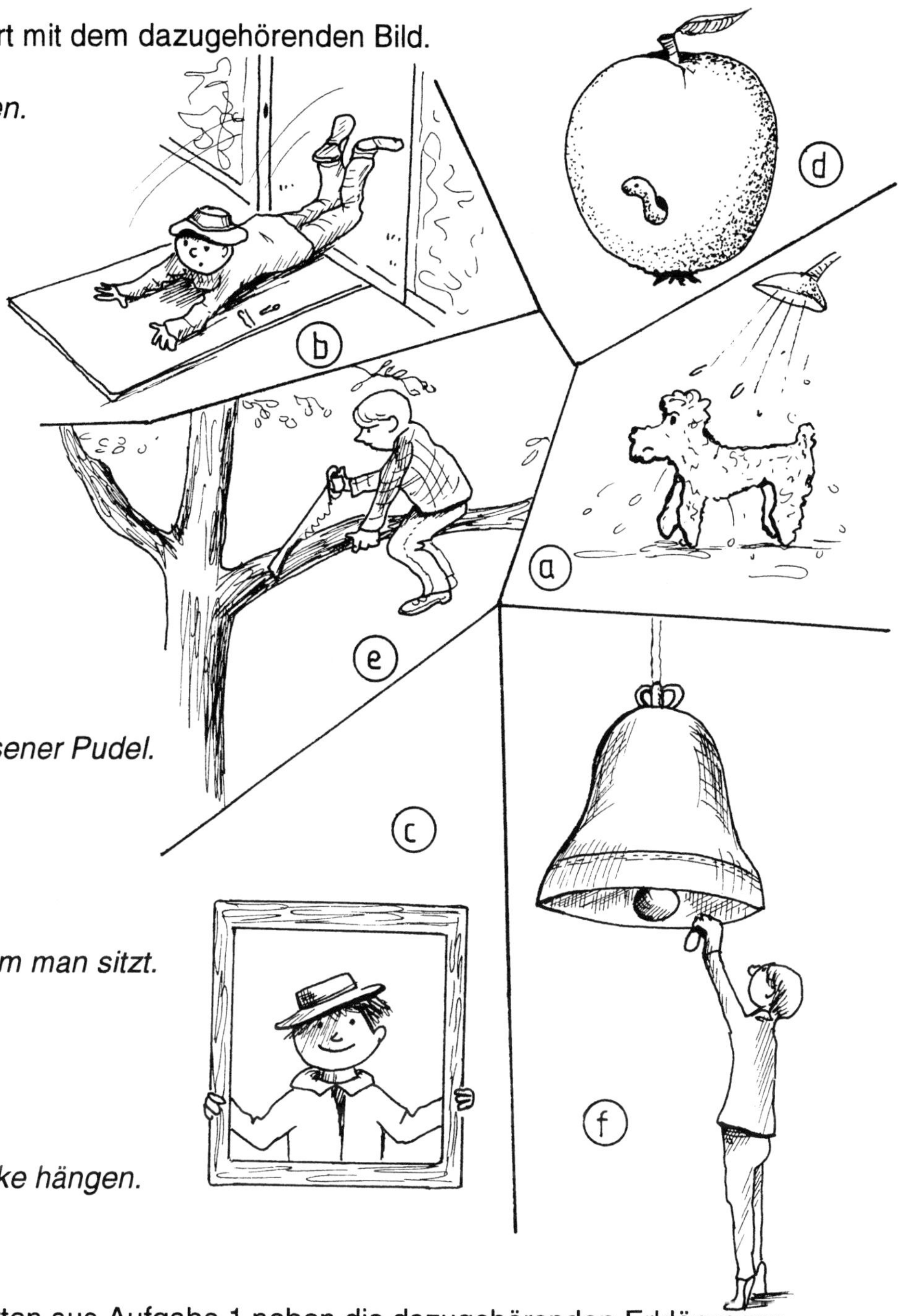

▶ 2. Schreibe die Redensarten aus Aufgabe 1 neben die dazugehörenden Erklärungen.

________________________ - *Beschämt und kleinlaut sein.*

________________________ - *Mit der Sache stimmt etwas nicht, das wird nicht gut gehen.*

________________________ - *Etwas überall bekannt machen.*

________________________ - *Über etwas gut Bescheid wissen.*

________________________ - *Sich selbst schaden.*

________________________ - *Etwas unerwartet, plötzlich mitteilen.*

Bd. 127. Ursula Lassert: Grammatikübungen - 6. Schuljahr

Persen® Bergedorfer®
Best.-Nr. 2151

Bildliche Redensarten II

▶ 1. Was bedeuten diese Redensarten? Verbinde die Redensart mit der passenden Erklärung.

1. *Auf jemanden zählen können.*	a) *Besonders behutsam mit jemandem umgehen.*
2. *Den Kopf in den Sand stecken.*	b) *In einer schwierigen Lage sein.*
3. *Jemandem einen Bären aufbinden.*	c) *Ganz raffiniert, durchtrieben sein.*
4. *Sich die Zunge verbrennen.*	d) *Seine Meinung zu deutlich sagen.*
5. *Knüppel zwischen die Beine werfen.*	e) *Sich auf jemanden verlassen können.*
6. *Mit einem blauen Auge davonkommen.*	f) *Einen anderen daran hindern etwas zu tun.*
7. *Jemanden mit Samthandschuhen anfassen.*	g) *Die Schuld einem anderen zuschieben.*
8. *Mit allen Wassern gewaschen sein.*	h) *Aufgeben.*
9. *Die Flinte ins Korn werfen.*	i) *Nur einen geringfügigen Schaden erleiden.*
10. *Jemandem steht das Wasser bis zum Hals.*	j) *Nur Andeutungen machen.*
11. *Jemandem etwas in die Schuhe schieben.*	k) *Die Wirklichkeit nicht sehen wollen.*
12. *Durch die Blumen sprechen.*	l) *Jemanden belügen.*

▶ 2. Suche dir sieben Redensarten aus. Schreibe sie mit den dazugehörenden Erklärungen ins Heft.

Bd. 127. Ursula Lassert: Grammatikübungen - 6. Schuljahr

Persen® Bergedorfer®
Best.-Nr. 2151

Um den Aufbau eines Satzes zu verstehen, müssen wir ihn zergliedern. Die einzelnen Satzglieder finden wir, indem wir nach ihnen fragen.

Jürgen liest ein Buch.

Subjekt (Satzgegenstand)	Prädikat (Satzaussage)	Objekt (Satzergänzung)
Jürgen	*liest*	*ein Buch.*
Wer liest ein Buch?	Was tut Jürgen?	Wen oder was liest Jürgen?

Ein einfacher Satz besteht nur aus den Hauptgliedern Subjekt (Satzgegenstand) und Prädikat (Satzaussage): Jürgen *liest*. Ein erweiterter einfacher Satz enthält die beiden Hauptglieder und mindestens ein Nebenglied. Bei beiden Satzformen steht das Prädikat an der 2. Stelle, egal wie du die einzelnen Glieder umstellst.

▶ 1. Erfrage in den Sätzen Subjekt und Prädikat. Unterstreiche das Subjekt einmal, das Prädikat zweimal.

Axel schloss seinen Koffer.

Er lief schnell zum Bahnhof.

Er erwischte den Zug im letzten Augenblick.

Er setzte sich erleichtert auf einen freien Platz.

Ein dicker Herr tippte auf seine Schulter.

Axel zuckte erschreckt zusammen.

▶ 2. Stelle die einzelnen Satzglieder so um, dass sich ein flüssiger Text ergibt. Wie mag die Geschichte weitergehen?

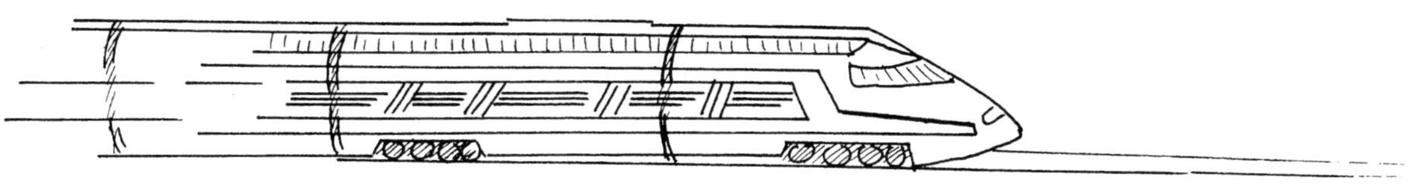

Bergedorfer® Best.-Nr. 2151

Neben dem Subjekt (Satzgegenstand) ist das Prädikat ein **Hauptglied** des Satzes.

Das Prädikat (Satzaussage) sagt dir, **was** geschieht, und auch, **wann** es geschieht:
Er liest. - Er las.

Sehr oft ist das Prädikat ein Verb (Zeitwort). Aber es kann auch aus einem Hilfsverb und einem Adjektiv (Eigenschaftswort) oder aus einem Hilfsverb und einem Nomen (Substantiv, Namenwort) bestehen; z.B.:
*Meine Schwester **wird Tänzerin**. Ich **heiße Peter**. Er **wurde bleich**.*

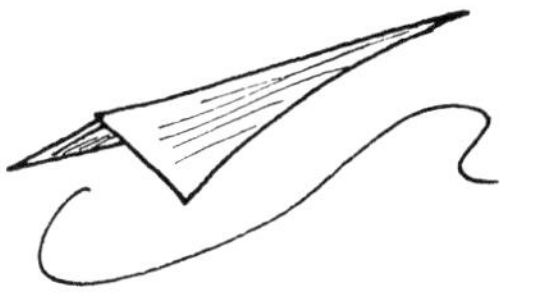

▶ 1. Unterstreiche die Prädikate.

Pit und Nina sitzen im Kinderzimmer. Sie basteln Flugzeuge. Ihr Bruder sitzt in einem großen Sessel. Er heißt Jan. Neben ihm liegen viele Bücher über Flugzeuge. Jan wird Pilot. Patsch! Da ist ein Papierflugzeug gegen seinen Kopf geknallt. Jan erschrickt. Er wird ganz rot. Er will schimpfen. Aber dann muss er lachen. Er wirft das Flugzeug in die Luft. Es gleitet durch die Luft. Dann landet es sanft vor Pit und Nina. „Ich glaube, du wirst ein guter Pilot", staunt Nina, „sogar die Papierflugzeuge fliegen, wie du willst."

▶ 2. Bilde Sätze im Präsens (Gegenwart).

Kai / werden / Lehrer - Dackel / bleiben / klein - Mein Nachbar / heißen / Caroboli - Tannen / bleiben / grün - Sonja / sein / Ärztin - Hoffentlich/ Sommer/ werden/ schön

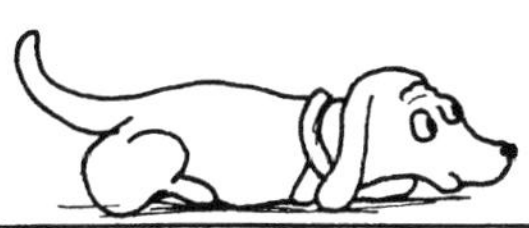

▶ 3. Suche selbst Beispiele mit *bleiben, heißen, sein* und *werden*.

Persen® Bergedorfer®
Best.-Nr. 2151

Attribut (Beifügung), Objekt (Satzergänzung) und adverbiale Bestimmung (Umstandsbestimmung) sind **Nebenglieder** des Satzes.

▶ 1. Unterstreiche Subjekt (Satzgegenstand) und Prädikat (Satzaussage).

Maria und Rico gehen langsam nach Hause. Sie sind traurig. Auf dem Sportplatz hatte sich ihr Klassenkamerad ein Bein gebrochen. Er war plötzlich gestürzt. Der Krankenwagen brachte ihn schnell in ein Krankenhaus.

▶ 2. Kreise jeweils die übrigen Satzglieder oben ein und erfrage sie.

Wie gehen ________________________________

Die Hauptglieder sind das Gerüst eines Satzes.
Die Nebenglieder sind wichtig, um eine Erzählung lebendig und interessant zu gestalten.

▶ 3. Schmücke die folgenden Sätze aus:

Lena reitet. Sie stürzt. Sie liegt im Krankenhaus.

Bd. 127. Ursula Lassert: Grammatikübungen - 6. Schuljahr

Persen® Bergedorfer®
Best.-Nr. 2151

Das Attribut ist die nähere Bestimmung zu einem Nomen (Substantiv, Namenwort).
Es gibt verschiedene Arten des Attributs, z.B.:

*Der **große** Supermarkt*	⇨	Adjektiv (Eigenschaftswort)
*Der Supermarkt **am Bahnhof***	⇨	Nomen mit Präposition (Verhältniswort)
*Der Supermarkt **hier***	⇨	Adverb (Umstandswort)
*Der Supermarkt **des Ortes***	⇨	Nomen im Genitiv (Wessenfall)
*Der Supermarkt **Herten***	⇨	Nomen im gleichen Fall

▶ 1. Wenn ein Attribut aus einem Nomen im gleichen Fall besteht,
nennt man es __________ .

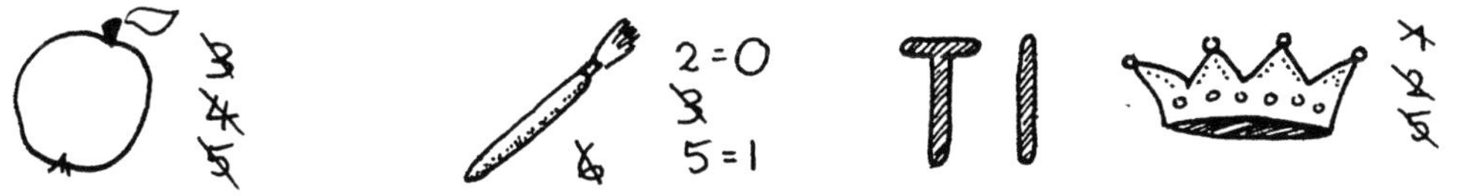

______ ______ ______

Bettenhaus Hartung

Möbelhaus Franz

Organist Engelskirchen

Eine Apposition kann auch nachgestellt werden. Dann ist sie mit einem Komma abgetrennt.

Hans Schneider, Steuerberater

Helene Nell, Augenärztin

▶ 2. Unterstreiche die Appositionen.

„Ich gehe zu dem Bäcker an der Ecke." - „Mein Onkel, der Schneider, wohnt dicht daneben." - „Mein Freund Ralf wohnt auch dort. Er kommt aus Hamburg, meiner Lieblingsstadt." - „Meinst du den Ralf aus der 8. Klasse?" - „Ja, diesen Ralf, den schnellsten Läufer unserer Schule. Kommst du nun mit zum Bäcker Franzen oder nicht?" - „Natürlich komme ich mit."

▶ 3. Bilde selbst Appositionen.

Bd. 127. Ursula Lassert: Grammatikübungen - 6. Schuljahr

Bergedorfer® Best.-Nr. 2151

Das Objekt (Satzergänzung)

Wenn die nähere Bestimmung zum Prädikat (Satzaussage) auf die Fragen *wen* oder *was?*, *wem?*, *wessen*? antwortet, ist sie ein Objekt (Satzergänzung).

Auf die Frage *wessen?* antwortet das Genitivobjekt (Wessenfallergänzung).
Auf die Frage *wem?* antwortet das Dativobjekt (Wemfallergänzung).
Auf die Frage *wen* oder *was?* antwortet das Akkusativobjekt (Wenfallergänzung).

▶ 1. Ergänze die fehlenden Objekte.

eine neue Garage - vielen interessanten Leuten - seiner Armut - eines Urteils - ihr Bild - eine Blumenvase - seinen Bruder - der Mutter - unsere Freunde - ihm - des Bettlers - eine spannende Geschichte - der Spur - seinem Herrn - der Ruhe - ihre Schwester

a) *Der Alkohol schadete* <u>*ihm*</u>. *Wem schadete der Alkohol?*

b) *Jano schlug* ____________. ....

c) *Wir enthielten uns* ____________ . ...

d) *Auf seiner Reise begegnete er* ____________. ....

e) *Mutter stellte* ____________ *auf den Tisch.* ....

f) *Wir trafen* ____________. ....

g) *Er schämt sich* ____________. ....

h) *Das Mädchen widersprach* ____________. ....

i) *Tina zeigte* ____________. ....

j) *Familie Moser baute* ____________. ....

k) *Sie erbarmte sich* ____________. ....

l) *Der Butler diente* ____________ *viele Jahre lang.* ....

m) *Pits Bruder las* ____________. ....

n) *Der Kranke bedurfte* ____________. ....

o) *Sie brachte* ____________ *mit.* ....

p) *Der Indianer folgte* ____________. ....

▶ 2. Frage nach den eingesetzten Objekten. Schreibe die Fragen neben die Sätze.

▶ 3. Unterstreiche die Dativobjekte, die Akkusativobjekte, die Genitivobjekte.

Bd. 127. Ursula Lassert: Grammatikübungen - 6. Schuljahr

Persen® Bergedorfer® Best.-Nr. 2151

Wie findest du die folgenden Sätze?
Josef fand. Herr Reis hielt.
Sie sind etwas sonderbar, nicht wahr?

Es fehlt ihnen der Sinn. Die Verben *finden* und *halten* brauchen eine Ergänzung, um einen sinnvollen Satz bilden zu können. Sie brauchen ein Akkusativobjekt (Wenfallergänzung).
Z.B.: *Josef fand ein kleines Kätzchen im Garten. Herr Reis hielt eine lange Rede.*

Es gibt aber auch Verben, denen **kann** ein Akkusativobjekt folgen. Es **muss** aber nicht.
Z.B.: Mutter strickt. Mutter strickt einen Pullover. - Beide Sätze sind sinnvoll.

Verben, denen ein Akkusativobjekt folgen kann oder muss, heißen **transitive** (zielende) Verben.
Alle anderen heißen **intransitive** (nichtzielende) Verben.

▶ 1. Unterstreiche die transitiven Verben.

a) *Die Sonne scheint auf den Balkon.*
b) *Peter schreibt eine Geschichte.*
c) *Die Scheinwerfer leuchten in der Dunkelheit.*
d) *Großvater sieht seine Enkelin auf der Straße.*
e) *Susi sucht ihre Freundin. Die Kinder spielen im Hof.*
f) *Michael lacht laut auf.*
g) *Er läuft wie der Blitz.*
h) *Tanja ruft ihren Hund.*
i) *Vater schweigt eine lange Weile.*

Du kannst die transitiven Verben daran erkennen, dass sie das Passiv bilden können.
Sie schreibt einen Brief. - Der Brief wird von ihr geschrieben.

▶ 2. Ordne die Wörter.

springen - wandern - singen - schicken - turnen - ermahnen - aufstellen - öffnen - lachen - machen - verreisen - lesen - pflücken

transitive Verben	intransitive Verben
schicken, ...	*springen, ...*

Bd. 127. Ursula Lassert: Grammatikübungen - 6. Schuljahr

Bergedorfer® Best.-Nr. 2151

Einige Verben haben eine bestimmte Präposition (Verhältniswort) bei sich.
Z.B.: *Ich **freue** mich **über** deinen Besuch. Ich **sehne** mich **nach** den Ferien.*

über deinen Besuch
nach den Ferien
} ist ein präpositionales Objekt (Verhältniswortergänzung).

Präpositionale Objekte bestehen aus einer Präposition (Verhältniswort) und einem Nomen (Substantiv, Namenwort) im Akkusativ oder Dativ.

▶ 1. Unterstreiche in den folgenden Sätzen die präpositionalen Objekte und schreibe dahinter, ob sie im Dativ oder Akkusativ stehen.

a) *Herr Ruf leidet an einer schlimmen Krankheit.* Dativ
b) *Er dachte immer wieder an seine Tochter.* _____
c) *Die Eltern warteten auf ihren Sohn.* _____
d) *Paolo sehnte sich nach seiner Heimat.* _____
e) *Die Diebe flohen vor der Polizei.* _____
f) *Die Mutter erholte sich von der anstrengenden Arbeit.* _____
g) *Die Mädchen schmückten sich mit Blumen.* _____
h) *Der alte Mann bat um eine kleine Gabe.* _____
i) *Petra freut sich über das Geschenk.* _____
j) *Die Kinder kletterten auf den hohen Baum.* _____

▶ 2. Ergänze die fehlenden Präpositionen.

a) *Sie hofft _____ bessere Zeiten.*
b) *Der Kranke klagte _____ große Schmerzen.*
c) *Bald gewöhnten sie sich _____ die heiße Temperatur.*
d) *Noch oft sprachen sie _____ ihre schönen Ferien.*
e) *Der Bergsteiger fürchtet sich _____ Steinschlag und Lawinen.*
f) *Pit sehnte sich _____ einem Glas Limonade.*

Bergedorfer® Best.-Nr. 2151

Die nähere Bestimmung zum Prädikat (Satzaussage) nach Art und Weise, Ort, Zeit, Grund oder Mittel heißt **adverbiale Bestimmung** (Umstandsbestimmung).
Sie antwortet auf die Fragen *wie?, warum?, womit?, wo?, wohin?, wozu?, wann?* oder *wie lange?*

▶ 1. Bilde mit den folgenden adverbialen Bestimmungen sinnvolle Sätze.

1) ______________________________ *durch den verschneiten Wald.*

2) Nach den Ferien ______________________________.

3) ______________________________ *mit dem Lineal.*

4) Wegen einer Grippe ______________________________.

5) In der Pause ______________________________.

6) Auf dem Berggipfel ______________________________.

7) Schnell wie der Blitz ______________________________.

▶ 2. Erfrage die adverbialen Bestimmungen und schreibe auf, um welche adverbiale Bestimmung es sich jeweils handelt.

1) Adv. Best. des Ortes 2) Adv.... ______________________________

____

____

▶ 3. Schreibe hinter die folgenden Sätze, ob es sich um eine adverbiale Bestimmung oder ein präpositionales Objekt handelt.

1) Der Schwimmer sprang in das kalte Wasser. ______________

2) Er freut sich auf die Ferien. ______________

3) Er fürchtet sich vor seinem Onkel. ______________

4) Er zeichnete mit dem Zirkel. ______________

5) Der Vogel sitzt auf dem Dach. ______________

6) Er konnte vor Hunger nicht schlafen. ______________

7) Er fürchtete sich im Wald. ______________

8) Das Flugzeug konnte wegen des Nebels nicht starten. ______________

9) Sie freute sich über die guten Noten. ______________

Bd. 127. Ursula Lassert: Grammatikübungen - 6. Schuljahr

Persen® Bergedorfer®
Best.-Nr. 2151

Sätze mit gleichartigen Satzgliedern

Es gibt Sätze, in denen treten einige Satzglieder mehrfach auf.

▶ 1. Welche sind es in den folgenden Sätzen?

1) *Meine Freundin, mein Bruder und ich saßen im Wohnzimmer.* Subjekte
2) *Dieser selbst gebastelte Papagei wurde aufgezeichnet, bemalt, ausgeschnitten und zusammengeklebt.* ________________
3) *Die Zeitung berichtet von politischen Ereignissen, dem Sport am Wochenende und Kulturveranstaltungen.* ________________
4) *Im Fernsehen können wir Dokumentarfilme, Spielfilme, Nachrichten und Sportsendungen sehen.* ________________
5) *Susi, Klaus und Gisela hockten in ihrem Baumhaus.* ________________
6) *In ihrer Freizeit lachten, redeten und spielten sie miteinander.* ________________

Gleichartige Satzglieder werden durch Kommas voneinander abgetrennt. Sie können auch durch *und, oder, sowie, sowohl - als auch, weder - noch, entweder - oder,* verbunden werden. Dann fällt das Komma weg.

▶ 2. Ergänze die fehlenden Kommas.

1) *Im Garten blühen sowohl Veilchen als auch Primeln und Tulpen.*
2) *Gestern hatte ich weder Lust zum Lernen noch zum Spielen.*
3) *Ich möchte tanzen lachen und herumtoben.*
4) *Das Radio bringt fröhliche und ernste Sendungen.*
5) *Bären Tiger und Wölfe gibt es in unseren Wäldern nicht.*
6) *Ich habe gestern weder meine Freundin noch ihre Schwester gesehen.*
7) *Der Schreiner braucht Hammer Säge Meißel und Hobel.*
8) *Jan mag sowohl moderne als auch klassische Musik.*
9) *Am Sonntag gehe ich entweder schwimmen oder ins Kino.*
10) *Willst du Eis oder Kuchen?*

Bd. 127. Ursula Lassert: Grammatikübungen - 6. Schuljahr

Bergedorfer®
Best.-Nr. 2151

Zwei Sätze, die einen inneren Zusammenhang haben, kannst du auf verschiedene Weise miteinander verknüpfen.

Es regnete. Karsten blieb zu Hause.

Weil es regnete, blieb Karsten zu Hause. Karsten blieb zu Hause, weil es regnete.

Als es regnete, blieb Karsten zu Hause. Karsten blieb zu Hause, als es regnete.

Karsten blieb zu Hause, denn es regnete. Da es regnete, blieb Karsten zu Hause.

Karsten blieb zu Hause, da es regnete. Es regnete und Karsten blieb zu Hause.

▶ 1. Welche Wörter verbinden die beiden Satzteile in den zusammengesetzten Sätzen? Unterstreiche die Konjunktionen (Bindewörter).

Aus zwei Sätzen, die einen inneren Zusammenhang haben, kannst du einen zusammengesetzten Satz bilden.

▶ 2. Kreuze die Satzpaare an, die inhaltlich zusammengehören. Bilde anschließend damit zusammengesetzte Sätze. Es gibt jeweils mehrere Möglichkeiten. Suche dir eine aus.

a) *Der Zug hat eine Geschwindigkeit von 250 km pro Stunde. - Es ist heiß.* ( )

b) *Familie Winter hat Ferien. - Sie macht eine Fahrradtour.* ( )

c) *Die Fußballspieler sind erschöpft. - Ich lese ein spannendes Buch.* ( )

d) *Es ist Herbst. - Mein Vater kommt heute später nach Hause.* ( )

e) *Der See ist zugefroren. - Viele Kinder laufen Schlittschuh.* ( )

f) *Klaus hat seine Schulaufgaben gemacht. - Er spielt mit der Eisenbahn.* ( )

▶ 3. Suche bei den Sätzen *Die Sonne schien. Dirk machte eine Fahrradtour.* so viele Verknüpfungen wie möglich und schreibe sie auf die Rückseite oder in dein Heft.

Bergedorfer®
Best.-Nr. 2151

Hauptsätze sind Sätze, die für sich allein stehen können. Ihr Inhalt hat einen Sinn.

▶ 1. Hier sind fünf Beispiele dazwischengeraten, die keine Sätze sind. Streiche sie durch. Ergänze bei den Hauptsätzen die Satzzeichen (Punkt, Ausrufezeichen, Fragezeichen) .

1) *Ich warte seit einer halben Stunde auf den Bus* 2) *Hei, war das ein Spaß* 3) *Als ich ging* 4) *Kommst du morgen* 5) *Hilf mir endlich* 6) *Bin in der Schule* 7) *Darfst du auch mitfahren* 8) *will nicht mitmachen* 9) *Ach, hätte ich doch diesen schönen Pulli* 10) *Wir fliegen nach Griechenland* 11) *da du keine Lust hast* 12) *Das ist ja eine Hitze* 13) *Könnte ich doch so schön singen wie er* 14) *Ist dir auch so kalt* 15) *Reich mir die Butter* 16) *Der Kunde ging zur Kasse* 17) *Worauf warten Sie* 18) *Ich auch* 19) *Ich gehe heute Abend ins Kino*

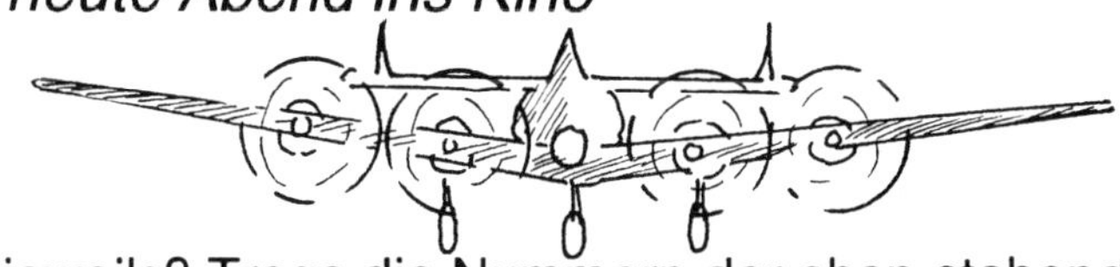

▶ 2. Um welche Art von Satz handelt es sich jeweils? Trage die Nummern der oben stehenden Sätze in die richtige Spalte ein.

Aussagesätze	Ausrufesätze	Wunschsätze/ Befehlssätze	Fragesätze
1),			

▶ 3. Zwei Satzglieder kommen in allen Hauptsätzen vor. Welche?

____________________ und ____________________

▶ 4. Ergänze die fehlenden Wörter in dem Merksatz.

Sätze, die für sich alleine stehen können, heißen **Hauptsätze.**

Ein Hauptsatz ist entweder ein ________________, ________________,

________________, ________________ oder ________________ .

▶ 1. Auf dem Schulhof findet eine Unterhaltung statt. Leider sind nur die Satzanfänge zu verstehen. Vervollständige die Sätze.

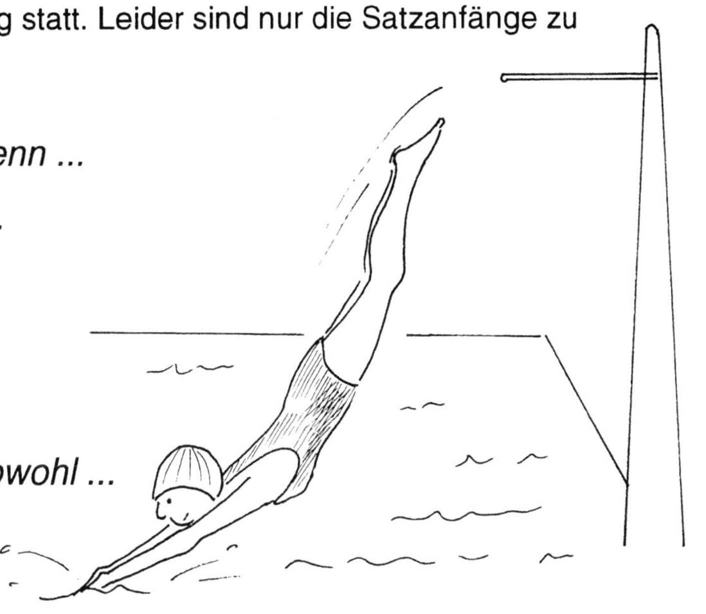

Pit: *„Ich komme zum Schwimmbad, wenn ...*

Kai: *„Ich mag das Schwimmbad, weil ...*

Pit: *„Wir fahren los, sobald ...*

Nina: *„Ich war schon einmal dort, als ...*

Kai: *„Aber ich weiß nicht, ob ...*

Pit: *„Meine Schwester kommt auch, obwohl ...*

Nina: *„Ich finde es toll, dass ...*

Sätze, die zusammen mit einem Hauptsatz auftreten können, heißen **Nebensätze**. Sie sind von ihm abhängig. Sie werden durch ein Komma abgetrennt.

▶ 2. Schreibe die Wörter aus Aufgabe1 heraus, die den Nebensatz mit dem Hauptsatz verknüpfen.

Diese Wörter heißen **Konjunktionen (Bindewörter)**.

▶ 3. Unterstreiche die Prädikate im Haupt- und Nebensatz.
An welcher Stelle stehen sie im Hauptsatz, an welcher im Nebensatz?

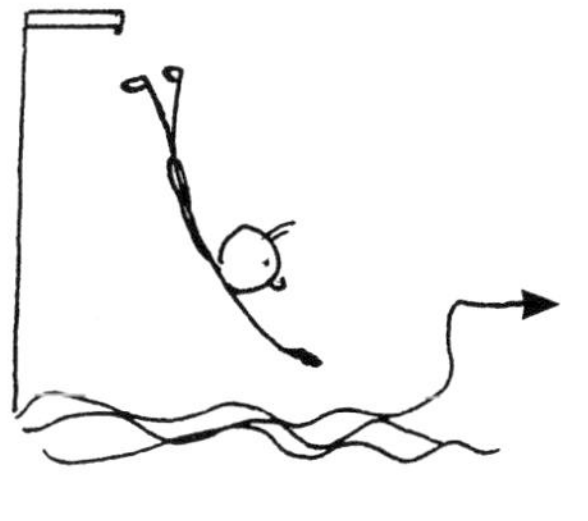

In Nebensätzen, die durch ein Bindewort eingeleitet werden, steht das konjugierte Verb, also das Prädikat, am Ende.

Hier bilden jeweils zwei Hauptsätze einen zusammengesetzten Satz.:

Spare in der Zeit, dann hast du in der Not.
Reden ist Silber, Schweigen ist Gold.
Die Sonne geht unter, der Mond geht auf.
Der Hund jagt die Katze, die Katze jagt die Maus.

Wenn zwei Hauptsätze einen Satz bilden, werden sie durch ein Komma getrennt. Sie bilden eine **Satzreihe**.

▶ 1. Bilde aus den folgenden Satzpaaren jeweils eine Satzreihe.
Benutze die passende Konjunktion (Bindewort).

Schnell stiegen sie den Berg hinunter. Dunkle Wolken zogen auf.

___

Es hagelt. Wir müssen uns unterstellen.

___

Die Hotels waren ausgebucht. Wir fanden noch ein Privatzimmer.

___

Mein Großvater schenkte mir eine Geige. Er liebt die Musik.

___

Markus geht nicht ins Kino. Er besucht eine Fete.

___

Sie hat sich in den Finger geschnitten. Sie weint nicht.

___

Er hat sich keinen Computer gewünscht. Er wollte einen Walkman.

___

Sie hatte sich einen Hund gewünscht. Sie bekam einen Hamster.

___

▶ 2. Finde selbst drei Satzreihen dieser Art.

Bd. 127. Ursula Lassert: Grammatikübungen - 6. Schuljahr

Persen ® Bergedorfer ®
Best.-Nr. 2151

Ein zusammengesetzter Satz, der aus einem Haupt- und einem Nebensatz besteht, heißt **Satzgefüge**.
Haupt- und Nebensatz werden immer durch ein Komma getrennt.

▶ 1. Ergänze die Kommas. Unterstreiche die Konjunktionen (Bindewörter).

Der Wind wurde am Morgen immer heftiger nachdem er schon die ganze Nacht geweht hatte.
Klaus kann heute nicht zur Schule gehen weil er Fieber hat.
Susi las ein Buch während sie Spaghetti aß.
Du musst eine Fahrkarte kaufen wenn du mit dem Zug fahren willst.
Komm zu mir sobald du deine Schulaufgaben fertig hast!

▶ 2. Ergänze die fehlenden Konjunktionen und die Kommas.

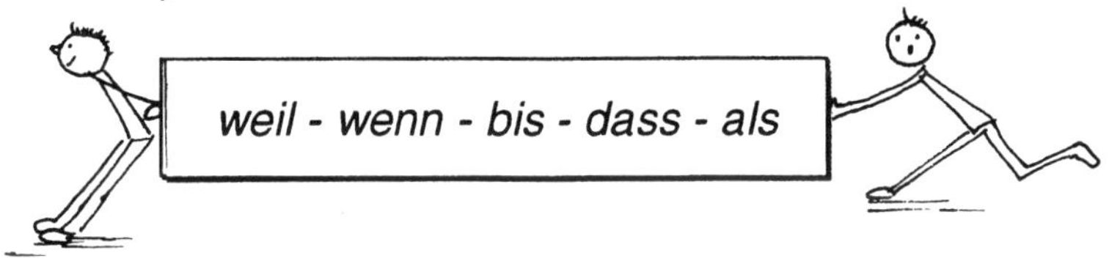

Er arbeitete so lange _____ er nicht mehr konnte.
Er setzte sich sofort an das Klavier _____ er wieder zu Hause war.
Ich esse meinen Apfel _____ ich Hunger bekomme.
Ich freue mich _____ ihr gekommen seid.
Ich wünsche mir viele Bücher zum Geburtstag _____ ich gerne lese.

▶ 3. Schreibe alle Konjunktionen von diesem Blatt hier auf.

___

___

___

▶ 4. Suche in anderen Texten weitere Konjunktionen.

Der Nebensatz ist dem Hauptsatz untergeordnet. Er ist von diesem abhängig. Aber das heißt nicht, dass er immer an der zweiten Stelle steht. Er kann auch den ersten Teil des Satzes bilden oder in den Hauptsatz eingeschoben werden.

1)	Hauptsatz Ich esse ein Eis,	Nebensatz weil ich Hunger habe.	
2)	Nebensatz Weil ich Hunger habe,	Hauptsatz esse ich ein Eis.	
3)	Hauptsatz (1. Teil) Ich esse,	Nebensatz weil ich Hunger habe,	Hauptsatz (2. Teil) ein Eis.

Die dritte Möglichkeit finden wir oft bei Nebensätzen mit Relativpronomen (bezüglichen Fürwörtern), den Relativsätzen. Sonst gebraucht man sie eigentlich nur, wenn der Nebensatz besonders betont werden soll.
Z.B. *Hunde, die bellen, beißen nicht.*

▶ 1. Bilde ein Satzgefüge in diesen drei verschiedenen Arten.

ich bleibe zu Hause / weil / es regnet.

1) ______________________________

2) ______________________________

3) ______________________________

▶ 2. Unterstreiche die Nebensätze.

Nachdem wir zu Mittag gegessen hatten, gingen wir spielen.

Über das Fahrrad, das mir mein Onkel geschenkt hat, habe ich mich sehr gefreut.

Ich habe die Jacke nicht gekauft, weil sie so teuer war.

Die Sonne stand schon hoch, als wir endlich aufbrachen.

Da es so heiß war, gingen wir ins Freibad.

Michael schrieb, während er vor dem Fernseher hockte, einen Brief.

Es ist nicht meine Schuld, dass ich zu spät gekommen bin.

Persen® Bergedorfer® Best.-Nr. 2151

Viele Lebenserfahrungen sind in kurzen Sätzen zusammengefasst. Manche sind schon mehrere Jahrhunderte alt. Man nennt sie Sprichwörter. Hier findest du einige von ihnen. Aber sie müssen noch richtig zusammengesetzt werden.

▶ 1. Verbinde die Teile, die zusammenpassen.

1)	*Quäle nie ein Tier zum Scherz*	a)	*Gott lenkt.*
2)	*Reden ist Silber*	b)	*so wird man ernten.*
3)	*Spare in der Zeit*	c)	*solange es heiß ist.*
4)	*Es ist nicht alles Gold*	d)	*denn es fühlt wie du den Schmerz.*
5)	*Der Mensch denkt*	e)	*was glänzt.*
6)	*Man muss das Eisen schmieden*	f)	*Schweigen ist Gold.*
7)	*Wie man sät*	g)	*so hast du in der Not.*

▶ 2. Schreibe die Sprichwörter auf. Vergiss die Kommas nicht.

▶ 3. Welche Sprichwörter bilden eine Satzreihe? Schreibe die Nummern auf.

▶ 4. Welche Sprichwörter bilden ein Satzgefüge? Schreibe die Nummern auf.

Persen® Bergedorfer® Best.-Nr. 2151

Viele Nebensätze beginnen mit *dass*. Für den Fall, dass du nicht weißt, ob du *das* oder *dass* schreiben musst, gibt es einen kleinen Trick.
Wenn du *welches* oder *dieses* für *das* sagen kannst, schreibst du es mit *s*, sonst mit *ss*.

Das Haus, ***das*** *am See steht, ist verfallen.*
Das Haus, ***welches*** *am See steht, ist verfallen.*

Aber *Ich hoffe,* ***dass*** *das Haus nicht verfallen ist.*
Für *dass* in diesem Satz passt weder *welches* noch *dieses*.

▶ 1. Verbinde die Sätze, die zusammenpassen.

1) *Ich freue mich.*	a) *Seine Fußballmannschaft hat gewonnen.*
2) *Es macht mich traurig.*	b) *Sein Freund lässt ihn so lange warten.*
3) *Petra findet es prima.*	c) *Die Ferien beginnen bald.*
4) *Peter ist wütend.*	d) *Sie darf an einer Fahrradtour teilnehmen.*
5) *Herr Poschke ist begeistert.*	e) *Deine Mutter ist so krank.*

▶ 2. Bilde mit den zusammengehörenden Satzpaaren von Aufgabe 1 jeweils ein Satzgefüge, das mit *dass* verbunden wird. Denke daran, dass das Verb nun an einer anderen Stelle steht.

____

____

____

____

____

▶ 3. *dass* oder *das*?

Ich hoffe, _____ du nichts zerbrichst. Das Geld, _____ ich gefunden habe, habe ich zur Polizei gebracht. Es ärgert Klaus, _____ er immer so früh aufstehen muss. Pit hofft, _____ die Bergtour schön wird. Ich liebe das Segelboot, _____ meinem Onkel gehört. Gabi freut sich, _____ Mark mit ihr ins Kino geht.

Persen® Bergedorfer®
Best.-Nr. 2151

Die Konjunktionen (Bindewörter) *weil* oder *da* leiten einen Nebensatz ein. Sie werden benutzt, wenn man den Grund für ein Geschehen angeben will.

▶ 1. Verbinde die Sätze, die inhaltlich zusammenpassen.

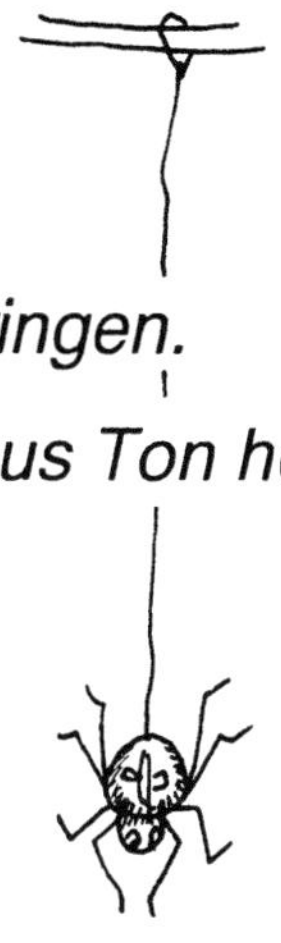

1) *Ich gehe zum Turnverein.*	a) *Ich war die Beste beim Turmspringen.*
2) *Ulf wünscht sich eine Geige.*	b) *Sie stellt viele schöne Sachen aus Ton her.*
3) *Herr Winter liegt im Krankenhaus.*	c) *Er muss operiert werden.*
4) *Camilla bekommt einen Brennofen.*	d) *In der Nacht hatte es geschneit.*
5) *Jan kann nicht zur Schule kommen.*	e) *Ich kann gut turnen.*
6) *Heidi holte ihren Schlitten heraus.*	f) *Er musiziert gerne.*
7) *Ich bekam den Siegerpokal.*	g) *Er hat sich gestern ein Bein gebrochen.*

▶ 2. Bilde Satzgefüge mit den Sätzen aus Nr. 1. Gebrauche die Konjunktionen *da* oder *weil.*

Ich gehe zum Turnverein, ... ______________________________

____

____

____

____

____

____

▶ 3. Hier findest du noch weitere Konjunktionen, die einen Nebensatz einleiten. Setze sie an die richtige Stelle. *(als, während, nachdem, dass, wenn)*

1) Peter ist immer sehr durstig, ... es heiß ist.
2) Wir gingen gerade zum Schwimmbad, ... wir unsere Freunde trafen.
3) Familie Wunderle möchte einen Ausflug machen, ... es drei Tage geregnet hatte.
4) Barbara ist die Beste in der Klasse, ... ihre Schwester nur mit großer Mühe lernt.
5) Er ist so schnell mit dem Rad gefahren, ... er jetzt ganz erschöpft ist.

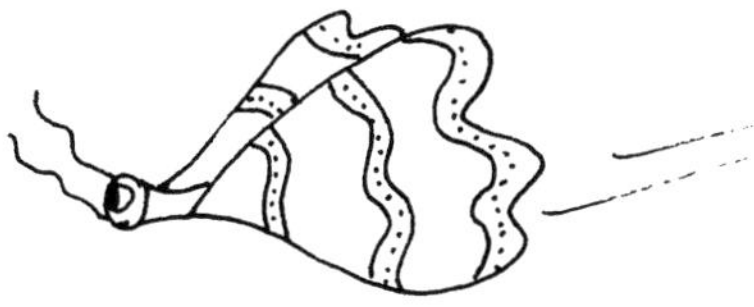
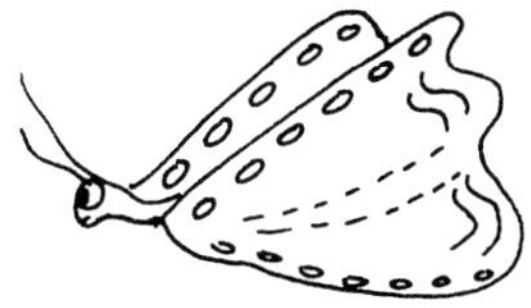

Bd. 127. Ursula Lassert: Grammatikübungen - 6. Schuljahr

Bergedorfer®
Best.-Nr. 2151

▶ 1. Ergänze das Komma und unterstreiche die Konjunktion (Bindewort).

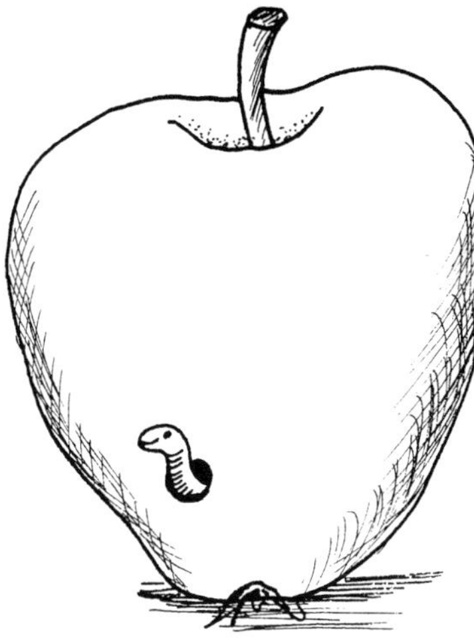

Ich weiß nicht ob ich heute kommen kann.
Er fürchtet dass er nicht mehr rechtzeitig ankommen wird.
Es tut mir leid dass ich jetzt gehen muss.
Ich möchte wissen ob er jemals wiederkommen wird.
Kannst du mir sagen ob nach 11 Uhr noch ein Bus fährt?
Ich sage dir noch einmal dass ich keine Lust habe.

▶ 2. Worin besteht der Unterschied zwischen den *ob*- und den *dass*-Sätzen?

____

____

▶ 3. Verbinde, was zusammenpasst.

1) *Jan weiß nicht*	a) *dass er eine Eins in Sport bekommt.*
2) *Carsten weiß*	b) *ob sie bald mehr Taschengeld bekommt.*
3) *Gitta liest in der Zeitung*	c) *ob der Vater ihm das Geld für die Reise gibt.*
4) *Jutta weiß genau*	d) *ob sein Sohn auch Arzt werden wird.*
5) *Eva will wissen*	e) *dass sie ihre Jacke im Park verloren hat.*
6) *Der Vater fragt sich*	f) *dass gestern ein leichtes Erdbeben war.*

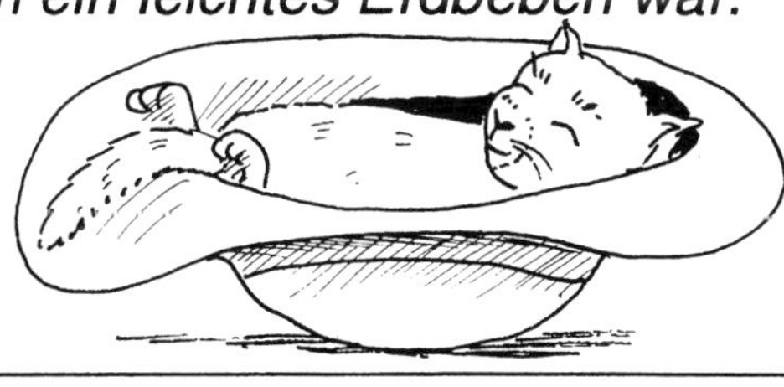

▶ 4. Schreibe die Sätze auf. Vergiss die Kommas nicht.

____

____

____

____

____

____

____

Persen® Bergedorfer®
Best.-Nr. 2151

Nebensätze, die durch ein Relativpronomen (bezügliches Fürwort) mit dem Hauptsatz verknüpft sind, heißen Relativsätze. Sie werden durch ein Komma vom Hauptsatz abgetrennt.

▶ 1. Unterstreiche die Relativpronomen.

Das Schiff, das im Hafen liegt, fährt morgen nach New York.

Ich besuche Peter, den du letzte Woche gesehen hast.

Der Mann, der das Kind gerettet hat, ist ertrunken.

Die Frau, deren Mann schwer krank ist, besucht ihre Freundin.

Der Baum, den der Sturm entwurzelt hatte, lag quer über dem Weg.

▶ 2. Verbinde die Sätze, die zusammenpassen.

1) *Der Hund wollte mich beißen.*
2) *Das Eis schmeckte nicht.*
3) *Ich fuhr zu meinen Großeltern.*
4) *Peter ging zu seinem Hausarzt.*
5) *Heike fand einen Brief.*
6) *Der Computer arbeitet nicht.*

a) *Meine Großeltern wohnen in der Schweiz.*
b) *Ich habe den Computer zu Weihnachten bekommen.*
c) *Ich wollte ihn streicheln.*
d) *Der Postbote hatte ihn verloren.*
e) *Ich habe mir ein Eis gekauft.*
f) *Der Hausarzt wohnt an der Ecke.*

▶ 3. Bilde mit den Sätzen aus der 2. Aufgabe Satzgefüge, die durch ein Relativpronomen miteinander verbunden sind. Beachte die Kommas.

____

____

____

____

____

____

Bd. 127. Ursula Lassert: Grammatikübungen - 6. Schuljahr

Bergedorfer® Best.-Nr. 2151

Seite 1
2. sehen, sah, gesehen - singen, sang, gesungen.
3. lachen, lachte, gelacht - kaufen, kaufte, gekauft.
4. Starke Verben: liegen, essen, gehen, laufen, bitten.
   Schwache Verben: klagen, machen, fragen, legen.

Seite 2
1. 1 - D, 2 - E, 3 - B, 4 - A, 5 - C
2. 1b) schleifen, schleifte, geschleift.
   2a) bewegen, bewog, bewogen. 2b) bewegen, bewegte, bewegt.
   3a) scheren, schor, geschoren. 3b) scheren, scherte, geschert.
   4a) wiegen, wog, gewogen. 4b) wiegen, wiegte, gewiegt.
   5a) senden, sandte, gesandt. 5b) senden, sendete, gesendet.
3. Z.B.: Er schliff das Messer. Der Junge schleifte die Puppe hinter sich her.
   Die Frau schor ihre beiden Schafe. Sie scherte sich nicht um die Kinder.
   Sie wog 50 Kilo. Sie wiegte das Baby in den Schlaf.

Seite 3
1. heftete ... an, sagten ... voraus, nahm ... teil, sprach ... frei, las ... aus.
2. anheften, voraussagen, teilnehmen, freisprechen, auslesen.
3. zugrunde* gehen, instand* setzen, übereinander fallen, bekannt machen, durcheinander reden, hoch achten, bestehen bleiben, aufeinander treffen.
   *<u>Hinweis</u>: Nach der neuen Rechtschreibregelung können die Wörter auch getrennt geschrieben werden: Zu Grunde gehen, in Stand setzen.
4. Z.B.: Der Mechaniker setzte den Motor instand (in Stand).
   Die Katze ging an der Verletzung zugrunde (zu Grunde).
   Alle redeten aufgeregt durcheinander.
   Die alte Schulordnung sollte bestehen bleiben.
   Bei dem Fest trafen verschiedene Nationalitäten aufeinander.

Seite 4
2. geworden, geweckt worden, geworden, geworden, geschnitten worden, geworden, untersucht worden, abgesägt worden, geworden, gefüttert worden.
3. dürfen, gedurft; wollen, gewollt; mögen, gemocht; können, gekonnt; müssen, gemusst; sollen, gesollt.

Seite 5
1. hat ... gerollt, sind ... gezogen, hat ... gezogen, hat ... gefahren, ist ... gefahren, habe ... verlaufen, hat ... gelangt, ist ... gelangt, hat ... getreten, ist ... getreten.
2. hatte .... gerollt, waren ... gezogen, hatte ... gezogen, hatte ... gefahren, war ... gefahren, hatte ... verlaufen, hatte ... gelangt, war ... gelangt, hatte ... getreten, war .... getreten.
3. ist, hat, ist, ist, ist, hat, ist.

Seite 6
1. Ich habe Hilfe geholt. Wir haben das Land verlassen.
   Die Kellnerin hat kein Trinkgeld genommen. Du hast meine Freundin getroffen.
2. Z.B.: Gabi hat sich wegen der Sechs im Diktat geschämt. Klaus hatte sich lange vor seinem Nachbarn gefürchtet. Petra hat sich gerne an ihre letzten Ferien erinnert. Der alte Mann hatte sich über die bellenden Hunde geärgert.
3. Z.B.: Tina hat geschaukelt. Das Boot ist über den See geschaukelt. Der Vogel hat aufgeregt geflattert. Der Vogel ist auf den Baum geflattert. Jan hat einen Rappen geritten. Er ist stundenlang geritten.

Seite 7
1. Petra→ Ali→ Die Kerze← Die Kinder→ Arno← Das Bild← Er→
2. Der Tankwart reinigt das Auto. Das Auto wird von dem Tankwart gereinigt. Der Lokomotivführer prüft die Maschine. Die Maschine wird von dem Lokomotivführer geprüft. Die Amsel frisst den Regenwurm. Der Regenwurm wird von der Amsel gefressen. Der Gärtner jätet das Unkraut. Das Unkraut wird von dem Gärtner gejätet.
3. Aktivsätze klingen viel besser.

Seite 8

1. Die Gartenzäune .... 3 Gemüse 4
   Erdbeerpflänzchen .... 5 Unkraut 2
   Sträucher .... 1 Wege .... 3 Beete 2
   Der Zaun .... 4 Eine Terrasse 1
2. Die Gartenzäune wurden ausgebessert. Gemüse wurde angepflanzt. Erdbeerpflänzchen wurden im Frühjahr gesetzt. Unkraut wurde gejätet. Sträucher und Bäume wurden beschnitten. Wege wurden angelegt. Beete wurden umgegraben. Zäune wurden gestrichen. Eine Terrasse wurde angelegt.
3. Gardinen sind abgenommen worden. Der Teppich wird gesaugt werden. Kissen werden ausgeklopft. Wände waren gestrichen worden. Der Fußboden wird ausgebessert. Die Schränke sind aufgeräumt worden. Bücher wurden abgestaubt.

Seite 9

1. Sie läuft schnell. Sie springt weit. Sie klettert hoch. Sie turnt geschickt. Sie malt gut.
   Kerstin meint, sie laufe schnell, sie springe weit, sie klettere hoch, sie turne geschickt, sie male gut.
2. Wenn er gesund wäre, würde er Fahhrad fahren, er läge in der Sonne, er ginge ins Schwimmbad, er würde auf Bäume klettern, er würde ein Eis kaufen, er ginge zur Schule, er würde seine Oma besuchen, er würde Äpfel pflücken, er würde einen Kuchen backen.

Seite 10

1. Tim sagt, er müsse seine Hausaufgaben machen, er solle dort helfen, er komme vielleicht später, er würde euch vorher anrufen, er brächte dann seinen Hund mit.
2. Ulla meint, sie singe gerne. Ulf denkt, er schwimme sehr schnell. Ich mache nie einen Fehler. Ich bin der Beste.
3. ..., dass er nicht genug lerne, dass er nichts sage, dass er viele Fehler mache, dass er faul sei, dass er wahrscheinlich sitzen bleibe.

Seite 11

1. strahlenden, spielende, lachende, fliegenden, heranziehenden, niederprasselnde.
2. umgefallene (umgestürzte), davongewehte, vergessene, durchnässte, zerstörte, umgestürzte (umgefallene).
3. drückende, abgebrochene, leuchtende, abgeschnittene, glühende, stechenden.

Seite 12

1. grasende Rehe, singende Vögel, verwelkte (oder verwelkende) Blumen, krächzende Raben, abgeschnittenes Gras, zwitschernde Vögel, gefällte Bäume, tanzende Mücken, frisch gestrichene Bänke.
2. schwimmen, schwimmt, schwimmend, geschwommen,
   singen, singt, singend, gesungen,
   lachen, lacht, lachend, gelacht,
   tanzen, tanzt, tanzend, getanzt,
   schreiben, schreibt, schreibend, geschrieben,
   halten, hält, haltend, gehalten,
   lesen, liest, lesend, gelesen,
   husten, hustet, hustend, gehustet,
   niesen, niest, niesend, geniest,
   streicheln, streichelt, streichelnd, gestreichelt,
   wandern, wandert, wandernd, gewandert,
   denken, denkt, denkend, gedacht.

Seite 13

1. Wo im Haus wohnt Familie Schmitz? Oben. Wo wohnt mein Freund Gregor? Unten. Wann hatte ich Geigenunterricht? Gestern. Wann kann ich nicht zum Schwimmen kommen? Morgen. Wo fühlt sie sich besonders wohl? Im Gebirge. Wohin gehe ich heute? In den Zoo. Wann lebte ich noch gar nicht? Damals. Wo spiele ich nicht gern? Hier. Wann lügt Klaus? Immer. Wann möchte ich mit euch fahren? Sofort.
3. Z.B.: Peter schluckt die bittere Medizin. Die Medizin schmeckt bitter. Der geduldige Freund wartete eine Stunde lang. Er wartete geduldig auf sie. Ich wünsche mir ein schnelles Auto. Das Auto fuhr schnell um die Ecke. Er fährt mit dem lauten Traktor über das Feld. Der Traktor knattert laut.

Seite 14
1. woher, wohin, her, herunter, hinüber, hinaus, heraus, herüber.
2. auf, offen, auf, offen, offen, auf, auf.
3. herum, umher, herum, herum, umher.

Seite 15
1. dieser, jener, diese, jene, solche, jenes, solche (jene), diese.
2. dieselbe, dieselbe, denselben, demselben, dieselben, dasselbe.

Seite 16
1. den Film, den ... - Georg, der ... - den Jungen, der ... - das Geschenk, das ... - das Pferd, das ... - Bücher, die ... - Klaus, dessen ...
2. was, was, das, was, das, was, was.
3. der Mann, der ... - das Buch, das ... - gemerkt, was ... - Menschen, die ... - Autos, die ... - Filme, die ...

Seite 17
1. interrogare.
2. wer?, wessen?, welches?, wen?, welcher?, was?, was für einen?, welche?, wem?
3. was?, wen?, was?, wen oder was?, wessen?, welche?

Seite 18
1. a) hurra b) fort c) haha d) ticktack e) o weh f) pst g) halt.
2. befehlende Ausrufe: Fort! Weg! Pst! Na, na! Platz! Brr!
Empfindungsausrufe: Oh! Haha! Ah! Au! O weh! Hurra! Juchhe! Brr! Hm! Hui! Pfui! Topp! Hei! Hu! O nein! O jemine!
Geräuschbeschreibung: Klipp, klapp! Ticktack! Plumps! Knacks! Klaps! Bimbam! Krach! Quietsch! Klingklang! Ritsch, ratsch!

Seite 19
-

Seite 20
1. 1 b C, 2 d E, 3 f A, 4 c F, 5 e D, 6 a B.

Seite 21
1. Artikel, Pronomen, Adjektive, Verben.
2. Konjunktionen: während, und, und, und, und, und, um.
Präpositionen: auf, gegen, mit, in, bis.
Interjektion: Oh!

Seite 22
1./2.
Nomen: Vorname, Vorfreude, Vorhang, Vorhalle, Vorzeichen, Vorbild, Vorbote, Vorfall, Vormund.
Verben: vorneigen, vorgeben, vorhaben, vorschicken, vorlesen, vorbringen, vorgeben, vorbohren, vorwässern, vordringen.
Adjektive: vorlaut, voreilig, vorgefasst, vorschnell, vortrefflich.
Adverbien: vorhin, vorbei, vorher, vorgestern, voran, vorab, voraus, vorerst.

Seite 23
1. kerngesund, spottbillig, todunglücklich, hauchdünn, watteweich, stockfinster, kreidebleich, splitternackt, spindeldürr, blitzschnell.

Seite 24

1. fallen: straucheln, stürzen, purzeln, ausrutschen, hinschlagen.
   laufen: ausreißen, flüchten, rennen, fliehen, türmen, weglaufen, hasten.
   sprechen: schimpfen, versprechen, jammern, erklären, flüstern, antworten.
2. scheuert, fegt, putzt, saugt, wischen ... aus, abwaschen, waschen, polieren.

Seite 25

1. Nomen: Bandwurm, Bandsäge, Bandbreite, Armband, Verband, Einband, Stirnband.
   Verben: verbinden, anbinden, umbinden.
   Adjektive: verbindlich.

Seite 26

1. geben - nehmen, sich nähern - sich entfernen, verbieten - erlauben, rund - eckig, sauber - schmutzig, hart - weich, kalt - warm, gütig - lieblos, Reichtum - Armut, Verlust - Gewinn, Feigheit - Mut, Stärke - Schwäche, Freude - Trauer.
2. Nomen: Missvergnügen, Missklang, Unkosten, Unfriede, Unschärfe, Unrecht, Missstimmung, Missbrauch, Missverhältnis.
   Verben: missbilligen, missachten, misstrauen, misshandeln.
   Adjektive: ungenau, uninteressant, unnötig, unmodern, ungeduldig.

Seite 27

1. Tal, Nacht, fern, dünn, spät, Winter.
3. saubere Hände, reine Farben, klares Wasser, tiefe (dunkle) Stimme, dunkle Haare, besetzte Stelle, gefangener Mensch, milder Winter, gütiges Gesicht, warmer Wind, gutes Gedächtnis, langer Faden, fleißiger Mensch, frisches Obst, junge Frau, frisches Gemüse.

Seite 28

3. Behälter für Festes: Etui, Karton, Kasten, Kiste, Köcher, Koffer, Korb, Lade, Mappe, Netz, Pfanne, Rucksack, Sack, Schale, Schüssel, Tasche, Teller, Truhe, Tube, Tüte.
   Behälter für Flüssiges: Becher, Dose, Eimer, Fass, Flasche, Glas, Kanne, Karaffe, Kessel, Krug, Napf, Pokal, Schüssel, Tasse, Teller, Terrine, Tonne, Topf.

Seite 29

2. Dastehen wie ein begossener Pudel - beschämt und kleinlaut sein.
   Da ist der Wurm drin - mit der Sache stimmt etwas nicht, das wird nicht gut gehen.
   Etwas an die große Glocke hängen - etwas überall bekannt machen.
   Im Bilde sein - über etwas gut Bescheid wissen.
   Den Ast absägen, auf dem man sitzt - sich selbst schaden.
   Mit der Tür ins Haus fallen - etwas unerwartet, plötzlich mitteilen.

Seite 30

1.1 - e, 2 - k, 3 - l, 4 - d, 5 - f, 6 - i, 7 - a, 8 - c, 9 - h, 10 - b, 11 - g, 12 - j.

Seite 31

1. Subjekte: Axel, er, er, er, ein dicker Herr, Axel.
   Prädikate: schloss, lief, erwischte, setzte sich, tippte, zuckte zusammen.
2. Axel schloss seinen Koffer. Schnell lief er zum Bahnhof. Im letzten Augenblick erwischte er den Zug. Erleichtert setzte er sich auf einen freien Platz. Ein dicker Herr tippte auf seine Schulter. Erschreckt zuckte Axel zusammen. ...

Seite 32

1. Prädikate: sitzen, basteln, sitzt, heißt Jan, liegen, wird Pilot, ist ... geknallt, erschrickt, wird ganz rot, will schimpfen, muss ... lachen, wirft, gleitet, landet, glaube, wirst ein guter Pilot, staunt, fliegen, willst.
2. Kai wird Lehrer. Dackel bleiben klein. Mein Nachbar heißt Caroboli. Tannen bleiben grün. Sonja ist Ärztin. Hoffentlich wird der Sommer schön!

Seite 33

1. Subjekte: Maria und Rico, sie, ihr Klassenkamerad, er, der Krankenwagen.
   Prädikate: gehen, sind traurig, hatte sich ... gebrochen, war ... gestürzt, brachte.
2. Wie gehen Maria und Rico nach Hause? Wohin gehen Maria und Rico langsam? Wo hatte sich ihr Klassenkamerad ein Bein gebrochen? Was hatte sich ihr Klassenkamerad auf dem Sportplatz gebrochen? Wie war er gestürzt? Wie brachte der Krankenwagen ihn in das Krankenhaus? Wohin brachte ihn der Krankenwagen schnell?
3. Z.B.: Lena reitet schnell durch den Wald. Plötzlich stürzt sie vom Pferd. Jetzt liegt sie traurig im Krankenhaus.

Seite 34

1. Apposition.
2. der Schneider, mein Freund, meiner Lieblingsstadt, den schnellsten Läufer unserer Schule, Franzen.

Seite 35

1./3. b) Jano schlug seinen Bruder. c) Wir enthielten uns eines Urteils. d) Auf seiner Reise begegnete er vielen interessanten Leuten. e) Mutter stellte eine Blumenvase auf den Tisch.
f) Wir trafen unsere Freunde. g) Er schämt sich seiner Armut.
h) Das Mädchen widersprach der Mutter. i) Tina zeigte ihr Bild.
j) Familie Moser baute eine neue Garage. k) Sie erbarmte sich des Bettlers. l) Der Butler diente seinem Herrn viele Jahre lang.
m) Pits Bruder las eine spannende Geschichte. n) Der Kranke bedurfte der Ruhe. o) Sie brachte ihre Schwester mit. p) Der Indianer folgte der Spur.

2. b) Wen schlug Jano? c) Wessen enthielten wir uns? d) Wem begegnete er auf seiner Reise? e) Was stellte Mutter auf den Tisch? f) Wen trafen wir? g) Wessen schämt er sich? h) Wem widersprach das Mädchen? i) Was zeigte Tina? j) Was baute Familie Moser? k) Wessen erbarmte sie sich? l) Wem diente der Butler viele Jahre lang? m) Was las Pits Bruder? n) Wessen bedurfte der Kranke? o) Wen brachte sie mit? p) Wem folgte der Indianer?

Seite 36

1. Transitive Verben: a) schreibt d) sieht e) sucht h) ruft.
2. Transitive Verben: singen, ermahnen, nehmen, öffnen, machen, lesen, pflücken.
   Intransitive Verben: wandern, turnen, lachen, verreisen.

Seite 37

1. b) an seine Tochter (Akkusativ) c) auf ihren Sohn (Akkusativ)
   d) nach seiner Heimat (Dativ) e) vor der Polizei (Dativ)
   f) von der anstrengenden Arbeit (Dativ) g) mit Blumen (Dativ)
   h) um eine kleine Gabe (Akkusativ) i) über das Geschenk (Akkusativ) j) auf den hohen Baum (Akkusativ).
2. a) auf b) über c) an d) über e) vor f) nach.

Seite 38

1. Z.B.: 1) Sie stapften durch den verschneiten Wald.
   2) Nach den Ferien müssen wir schwer arbeiten.
   3) Sie zeichnet das Dreieck mit dem Lineal.
   4) Wegen einer Grippe muss sie im Bett liegen.
   5) In der Pause stritten sie miteinander.
   6) Auf dem Berggipfel aßen sie ihre Brote.
   7) Schnell wie der Blitz verschwand die Maus hinter dem Schrank.
2. 2) Adv. Best. der Zeit 3) Adv. Best. des Mittels 4) Adv. Best. des Grundes 5) Adv. Best. der Zeit 6) Adv. Best. des Ortes
   7) Adv. Best. der Art und Weise.
3. 1) adv. Best. 2) O 3) O 4) adv. Best. 5) O 6) adv. Best.
   7) adv. Best. 8) adv. Best. 9) O.

Seite 39

1. 2) Prädikate (Satzaussagen) 3) Objekte (Satzergänzungen)
   4) Objekte 5) Subjekte (Satzgegenstände) 6) Prädikate.
2. 1) Im Garten blühen sowohl Veilchen als auch Primeln und Tulpen.
   2) Gestern hatte ich weder Lust zum Lernen noch zum Spielen.
   3) Ich möchte tanzen, lachen und herumtoben.
   4) Das Radio bringt fröhliche und ernste Sendungen.
   5) Bären, Tiger und Wölfe gibt es in unseren Wäldern nicht.
   6) Ich habe gestern weder meine Freundin noch ihre Schwester gesehen.
   7) Der Schreiner braucht Hammer, Säge, Meißel und Hobel.
   8) Jan mag sowohl moderne als auch klassische Musik.
   9) Am Sonntag gehe ich entweder schwimmen oder ins Kino.
   10) Willst du Eis oder Kuchen?

Seite 40

1. weil, als, denn, da, und.
2. Satzpaare: Z.B.: b) Da Familie Winter Ferien hat, macht sie eine Fahrradtour. e) Viele Kinder laufen Schlittschuh, weil der See zugefroren ist. f) Nachdem Klaus seine Schulaufgaben gemacht hat, spielt er mit der Eisenbahn.
3. Weil die Sonne schien, machte Dirk eine Fahrradtour. Dirk machte eine Fahrradtour, weil die Sonne schien. Als die Sonne schien, machte Dirk eine Fahrradtour. Dirk machte eine Fahrradtour, als die Sonne schien. Dirk machte eine Fahrradtour, denn die Sonne schien. Dirk machte eine Fahrradtour, da die Sonne schien. Da die Sonne schien, machte Dirk eine Fahrradtour. Die Sonne schien und Dirk machte eine Fahrradtour.

Seite 41

1. Keine Sätze: 3, 6, 8, 11, 18.
   Satzzeichen: 1) Ich warte seit einer halben Stunde auf den Bus. 2) Hei, war das ein Spaß! 4) Kommst du morgen? 5) Hilf mir endlich! 7) Darfst du auch mitfahren? 9) Ach, hätte ich doch diesen schönen Pulli! 10) Wir fliegen nach Griechenland. 12) Das ist ja eine Hitze! 13) Könnte ich doch so schön singen wie er! 14) Ist dir auch so kalt? 15) Reich mir die Butter! 16) Der Kunde ging zur Kasse. 17) Worauf warten Sie? 19) Ich gehe heute Abend ins Kino.
2. Aussagesätze: 10, 16, 19; Ausrufesätze: 2, 12; Wunschsätze: 9, 13; Befehlssätze: 5, 15; Fragesätze: 4, 7, 14, 17.
3. Subjekt (Satzgegenstand), Prädikat (Satzaussage).
4. Aussagesatz, Ausrufesatz, Wunschsatz, Befehlssatz, Fragesatz.

Seite 42

1./3. Z.B.: Ich <u>komme</u> zum Schwimmbad, wenn ich Zeit <u>habe</u>. Ich <u>mag</u> das Schwimmbad, weil es im Wald <u>liegt</u>. Wir <u>fahren los</u>, sobald wir mit dem Essen <u>fertig sind</u>. Ich <u>war</u> schon einmal dort, als ich noch klein <u>war</u>. Aber ich <u>weiß</u> nicht, ob ich <u>darf</u>. Meine Schwester <u>kommt</u> auch, obwohl sie nicht viel Zeit <u>hat</u>. Ich <u>finde</u> es toll, dass sie <u>mitkommt</u>.

2. wenn, weil, sobald, als, ob, obwohl, dass.

Seite 43

1. Schnell stiegen sie den Berg hinunter, denn dunkle Wolken zogen auf. Es hagelt, deshalb müssen wir uns unterstellen. Die Hotels waren ausgebucht, aber wir fanden noch ein Privatzimmer. Mein Großvater schenkte mir eine Geige, denn er liebt die Musik.
   Markus geht nicht ins Kino, sondern er besucht eine Fete.
   Sie hat sich in den Finger geschnitten, trotzdem weint sie nicht.
   Er hat sich keinen Computer gewünscht, statt dessen wollte er einen Walkman. Sie hatte sich einen Hund gewünscht, aber sie bekam (statt dessen) einen Hamster.

Seite 44

1. Der Wind wurde am Morgen immer heftiger, nachdem er schon die ganze Nacht geweht hatte. Klaus kann heute nicht zur Schule gehen, weil er Fieber hat. Susi las ein Buch, während sie Spaghetti aß. Du musst eine Fahrkarte kaufen, wenn du mit dem Zug fahren willst. Komm zu mir, sobald du deine Schulaufgaben fertig hast!
2. Er arbeitete so lange, bis er nicht mehr konnte. Er setzte sich sofort an das Klavier, als er wieder zu Hause war. Ich esse meinen Apfel, wenn ich Hunger bekomme. Ich freue mich, dass ihr gekommen seid. Ich wünsche mir viele Bücher zum Geburtstag, weil ich gerne lese.
3. nachdem, weil, während, wenn, sobald, bis, als, dass.
4. z. B. ob, da ....

Seite 45

1. Ich bleibe zu Hause, weil es regnet. Weil es regnet, bleibe ich zu Hause. Ich bleibe, weil es regnet, zu Hause.
2. Nachdem wir zu Mittag gegessen hatten, gingen wir spielen.
   Über das Fahrrad, das mir mein Onkel geschenkt hat, habe ich mich sehr gefreut.
   Ich habe die Jacke nicht gekauft, weil sie so teuer war.
   Die Sonne stand schon hoch, als wir endlich aufbrachen.
   Da es so heiß war, gingen wir ins Freibad.
   Michael schrieb, während er vor dem Fernseher hockte, einen Brief.
   Es ist nicht meine Schuld, dass ich zu spät gekommen bin.

Seite 46

1. 1 - d, 2 - f, 3 - g, 4 - e, 5 - a, 6 - c, 7 - b.
2. 1) Quäle nie ein Tier zum Scherz, denn es fühlt wie du den Schmerz.
   2) Reden ist Silber, Schweigen ist Gold.
   3) Spare in der Zeit, so hast du in der Not.
   4) Es ist nicht alles Gold, was glänzt.
   5) Der Mensch denkt, Gott lenkt.
   6) Man muss das Eisen schmieden, solange es heiß ist.
   7) Wie man sät, so wird man ernten.
3. Satzreihe: 1, 2, 3, 5.
4. Satzgefüge: 4, 6, 7.

Seite 47
1./2. 1c) Ich freue mich, dass die Ferien bald beginnen.
2e) Es macht mich traurig, dass deine Mutter so krank ist.
3d) Petra findet es prima, dass sie an der Fahrradtour teilnehmen darf.
4b) Peter ist wütend, dass sein Freund ihn so lange warten lässt.
5a) Herr Poschke ist begeistert, dass seine Fußballmannschaft gewonnen hat.
3. Ich hoffe, dass du nichts zerbrichst. Das Geld, das ich gefunden habe, habe ich zur Polizei gebracht. Es ärgert Klaus, dass er immer so früh aufstehen muss. Pit hofft, dass die Bergtour schön wird. Ich liebe das Segelboot, das meinem Onkel gehört. Gabi freut sich, dass Mark mit ihr ins Kino geht.

Seite 48
1./2. 1e) Ich gehe zum Turnverein, weil ich gut turnen kann.
2f) Ulf wünscht sich eine Geige, da er gerne musiziert.
3c) Herr Winter liegt im Krankenhaus, da er operiert werden muss.
4b) Camilla bekommt einen Brennofen, weil sie viele schöne Sachen aus Ton herstellt.
5g) Jan kann nicht zur Schule kommen, da er sich gestern ein Bein gebrochen hat.
6d) Heidi holte ihren Schlitten heraus, da es in der Nacht geschneit hatte.
7a) Ich bekam den Siegerpokal, weil ich die Beste beim Turmspringen war.
3. 1) wenn 2) als 3) nachdem 4) während 5) dass.

Seite 49
1. Ich weiß nicht, <u>ob</u> ich heute kommen kann. Er fürchtet, <u>dass</u> er nicht mehr rechtzeitig ankommen wird. Es tut mir leid, <u>dass</u> ich jetzt gehen muss. Ich möchte wissen, <u>ob</u> er jemals wiederkommen wird. Kannst du mir sagen, <u>ob</u> nach 11 Uhr noch ein Bus fährt? Ich sage dir noch einmal, <u>dass</u> ich keine Lust habe.
2. Die *dass* - Sätze sind eher eine Feststellung, die *ob* - Sätze eine indirekte Frage.
3./4. 1c) Jan weiß nicht, ob der Vater ihm das Geld für die Reise gibt.
2a) Carsten weiß, dass er eine Eins in Sport bekommt.
3f) Gitta liest in der Zeitung, dass gestern ein leichtes Erdbeben war.
4e) Jutta weiß genau, dass sie ihre Jacke im Park verloren hat.
5b) Eva will wissen, ob sie bald mehr Taschengeld bekommt.
6d) Der Vater fragt sich, ob sein Sohn auch Arzt werden wird.

Seite 50
1. den, der, deren, den.
2./3. 1c) Der Hund, den ich streicheln wollte, wollte mich beißen.
2e) Das Eis, das ich mir gekauft habe, schmeckte nicht.
3a) Ich fuhr zu meinen Großeltern, die in der Schweiz wohnen.
4f) Peter ging zu seinem Hausarzt, der an der Ecke wohnt.
5d) Heike fand einen Brief, den der Postbote verloren hatte.
6b) Der Computer, den ich zu Weihnachten bekommen habe, arbeitet nicht.

Persen® Bergedorfer®
Best.-Nr. 2151